日本国憲法(前文)

1946(昭21)年11月3日公布
1947(昭22)年5月3日施行

　日本国民は、正当に選挙された国会における代表者を通じて行動し、われらとわれらの子孫のために、諸国民との協和による成果と、わが国全土にわたつて自由のもたらす恵沢を確保し、政府の行為によつて再び戦争の惨禍が起ることのないやうにすることを決意し、ここに主権が国民に存することを宣言し、この憲法を確定する。そもそも国政は、国民の厳粛な信託によるものであつて、その権威は国民に由来し、その権力は国民の代表者がこれを行使し、その福利は国民がこれを享受する。これは人類普遍の原理であり、この憲法は、かかる原理に基くものである。われらは、これに反する一切の憲法、法令及び詔勅を排除する。

　日本国民は、恒久の平和を念願し、人間相互の関係を支配する崇高な理想を深く自覚するのであつて、平和を愛する諸国民の公正と信義に信頼して、われらの安全と生存を保持しようと決意した。われらは、平和を維持し、専制と隷従、圧迫と偏狭を地上から永遠に除去しようと努めてゐる国際社会において、名誉ある地位を占めたいと思ふ。われらは、全

THE CONSTITUTION OF JAPAN
　　　——日本国憲法の英訳

　We, the Japanese people, acting through our duly elected representatives in the National Diet, determined that we shall secure for ourselves and our posterity the fruits of peaceful cooperation with all nations and the blessings of liberty throughout this land, and resolved that never again shall we be visited with the horrors of war through the action of government, do proclaim that sovereign power resides with the people and do firmly establish this Constitution. Government is a sacred trust of the people, the authority for which is derived from the people, the powers of which are exercised by the representatives of the people, and the benefits of which are enjoyed by the people. This is a universal principle of mankind upon which this Constitution is founded. We reject and revoke all constitutions, laws, ordinances, and rescripts in conflict herewith.

　We, the Japanese people, desire peace for all time and are deeply conscious of the high ideals controlling human relationship, and we have determined to preserve our security and existence, trusting in the justice and faith of the peace-loving peoples of the world. We desire to occupy an honored place in an international society striving for the preservation of peace, and the banishment of tyranny and slavery, oppression

世界の国民が、ひとしく恐怖と欠乏から免かれ、平和のうちに生存する権利を有することを確認する。

われらは、いづれの国家も、自国のことのみに専念して他国を無視してはならないのであつて、政治道徳の法則は、普遍的なものであり、この法則に従ふことは、自国の主権を維持し、他国と対等関係に立たうとする各国の責務であると信ずる。

日本国民は、国家の名誉にかけ、全力をあげてこの崇高な理想と目的を達成することを誓ふ。

and intolerance for all time from the earth. We recognize that all peoples of the world have the right to live in peace, free from fear and want.

We believe that no nation is responsible to itself alone, but that laws of political morality are universal; and that obedience to such laws is incumbent upon all nations who would sustain their own sovereignty and justify their sovereign relationship with other nations.

We, the Japanese people, pledge our national honor to accomplish these high ideals and purposes with all our resources.

▲ミズーリ号艦上での降伏文書調印
（朝日新聞社提供）

▶アメリカ大使館にマッカーサーを訪問した昭和天皇
1945（昭和20）年9月27日，フロックコートに正装した昭和天皇は，戦争責任を負う覚悟でマッカーサーを訪問した。東久邇宮内閣は，この写真を不敬罪として新聞掲載を禁止したが，GHQがこれを許可した。（朝日新聞社提供）

▲GHQ本部(第一生命館)の屋上にひるがえる日章旗(1952〈昭和27〉年4月29日,共同通信社提供)

▶吉田茂首相(1948〈昭和23〉年10月,共同通信社提供)

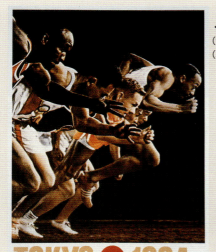

◀第18回オリンピック東京大会の第2号ポスター
（亀倉雄策氏製作，ディレクター村越襄・撮影早崎治氏）
（ユニフォトプレス提供）

▶船積みを待つ輸出用自動車　トヨタをはじめとした自動車は，家電と並んで輸出の花形となった。1971（昭和46）年12月，愛知県東海市の自動車船積み埠頭。（共同通信社提供）

▲**太陽の塔** 1970(昭和45)年3月から9月にかけて大阪府千里で開催された日本万国博覧会会場に設置される。岡本太郎の作品。万博は，東京オリンピックとともに，日本の高度経済成長の象徴であった。(毎日新聞社提供)

▲**大学の入学式** 大学への進学率が高まって学生の数がふえ，大学の大衆化が進んだ。写真は1966（昭和41）年度の日本大学の入学式。（日本大学提供）

▲**水俣病患者の少女** 工場廃液中の有機水銀が，不知火海の魚を介して人体に入り，少女の神経をおかした。（ST企画，塩田武史撮影）

▲**学園紛争** 1968（昭和43）年におこった東京大学の安田講堂をめぐる学生と警官隊の衝突。1960年代末に頻発した学園紛争を象徴する事件。（朝日新聞社提供）

▲サミット（第1回） 通貨危機・石油危機などの影響で，国際経済体制が大きくゆらぎはじめた。1975年11月，フランス大統領ジスカールデスタン（右から3人目）の提唱で，パリ近郊のランブイエに主要先進国6カ国の首脳が集まった。右端が三木武夫首相。（ユニフォトプレス提供）

◀マルタ会談 1985年12月，ソ連共産党書記長となったゴルバチョフ（右）は，「グラスノスチ（情報公開）・ペレストロイカ（改革）」を合言葉に国内体制の刷新と緊張緩和を進めた。1989年12月ブッシュ（41代）アメリカ大統領とマルタで会談し，冷戦の終結を宣言した。（ユニフォトプレス提供）

◀ベルリンの壁の開放
28年間にわたって西ベルリンをかこむ壁が築かれていた。写真は壁の中心ブランデンブルク門の前で開放をよろこぶ人びと。（ユニフォトプレス提供）

▲バンコクの日本車販売店　日本の自動車メーカーは，東南アジア各国の大都市に販売店をかまえ，激しい輸出競争を展開している。1970年代の光景。（時事通信社提供）

▶ミニコンによる教育システム　コンピュータの普及は，ついに質問に答え教師のかわりをする機械や，外国語の翻訳機械までもつくり出した。（朝日新聞社提供）

◀細川「非自民」連立内閣成立　1993（平成5）年6月、「政治改革」をめぐって自由民主党は分裂し、7月の総選挙を経て、非自民8党派は日本新党の細川護熙を首相とする連立政権を樹立した。（毎日新聞社提供）

▲阪神・淡路大震災　1995（平成7）年1月17日5時46分、兵庫県東南部を震度7.3の激震が襲った。安全といわれていた高速道路はなぎ倒され、ビルは倒壊した。続いて火災が発生し、神戸市の都心周辺地区の古い木造住宅密集地域を中心に5000人以上が死亡した。（朝日新聞社提供）

◀携帯電話　携帯電話は1990年代半ば以降、爆発的に普及し、2003（平成15）年には加入者数が8000万人をこえた。その9割はインターネット対応である。携帯電話による通話とメールのやりとりは、仕事上、生活上のコミュニケーションの様相を一変させた。（毎日新聞社提供）

まえがき

　昨年（2015年）は，安倍内閣が推進する安全保障関連法案をめぐって，国論を二分する激しい議論が展開されました。そこでは，国民主権，平和主義，基本的人権の尊重など，日本国憲法の三大原則ばかりでなく，民主主義の根幹をなす立憲主義そのものが問われました。戦後民主主義も70年を経て，大きな曲がり角にさしかかっているようです。

　大事なことは，これからの日本の進路を誤らないことですが，そのためには戦後70年の歴史を学ぶことが何よりも大切です。そのことによって，私たちが何を引き継いでいかなければならないかがはっきりみえてくるように思われるからです。

　しかし，高等学校の日本史の授業では，戦後史を十分に学ぶことはできません。授業時間が足らないばかりでなく，日本史の教科書も戦後史にそれほど多くのページを割いているわけではありません。そこで，本書では，高等学校の日本史の教科書を全面的に書き改め，戦後70年の日本のあゆみをなるべくわかりやすく記述するように心がけました。本書によって，日本の戦後史ついて，少しでも理解を深めていただければ幸いです。

　なお，執筆にあたっては，山川出版社の『詳説日本史』『日本史 A』などの日本史教科書のほか，多くの戦後日本史に関する著書や論文を参考にさせていただきました。

老川慶喜

目次

第1章 占領下の日本 *1*

1. 占領と改革————————*1*
   国際連合と米ソ対立／ポツダム宣言／
   アメリカの占領方針／アジア諸国の解
   放と独立
2. 非軍事化と民主化————————*13*
   「五大改革」の指令／軍国主義者の追放
   ／日本国憲法の制定／民法の改正と家
   族制度の改革／地方自治
3. 民主的諸改革————————*23*
   経済改革／農地改革／労働改革／教育
   改革
4. 国民生活の混乱————————*34*
   「どん底」の生活／インフレの進行／大
   衆運動の高揚／片山哲内閣の成立
5. 戦後の世相と文化————————*42*
   日常への復帰／占領下の文化／庶民の
   生活と娯楽

第2章 冷戦と講和 *49*

1. 占領政策の転換————————*49*
   東西両陣営の対立／東アジアの情勢／
   対日政策の転換
2. インフレの抑制と経済安定9原則———*54*
   外資導入と経済安定策／経済安定9原
   則とドッジライン
3. 朝鮮戦争と戦後復興————————*61*
   朝鮮戦争と警察予備隊の創設／片面講
   和と日米安保条約／独立回復後の「逆
   コース」／千島列島の放棄と沖縄・小
   笠原諸島／朝鮮特需と経済復興
4. 生活のゆとりと大衆文化————————*75*
   食糧難からの解放／学問と文化財／世
   界に通用する日本人

第3章 高度成長の時代 *83*

1. 55年体制の成立————————*83*
   東西対立と緊張緩和／保守合同への模
   索／日本社会党の統一／保守合同の実
   現／国際社会への復帰／日米安保条約
   の改定
2. 高度経済成長と保守政権の安定———*96*
   池田勇人内閣と所得倍増計画／高度成

Ⅱ 目 次

長のメカニズム／農業と中小企業の近
　　　代化／生産性向上運動と日本的経営／
　　　国民皆保険・皆年金制度の成立
　　3．高度成長の転換と長期安定政権————109
　　　加速する高度成長／経済の国際化／地
　　　域開発の進展／流通革命
　　4．高度成長期の諸問題————————117
　　　公害問題の深刻化／過密と過疎／革新
　　　自治体の増加／ベトナム・沖縄・安保
　　　条約
　　5．生活・社会の変容と文化—————129
　　　消費革命と大衆消費社会／東京オリン
　　　ピックと新幹線／生活・文化の多様化

第4章　経済大国への道　*141*

　　1．ニクソン・ショックの波紋————141
　　　米中接近とドル防衛策／変動相場制へ
　　　の移行／中国の国際連合加盟
　　2．高度経済成長の終焉————————145
　　　田中角栄内閣の成立／日中国交正常化
　　　／日本列島改造ブーム／石油危機
　　3．経済大国の実現————————————154
　　　安定成長への転換／徹底的な減量経営
　　4．バブル経済と市民生活——————159
　　　臨調・行革路線／貿易摩擦の深刻化／
　　　プラザ合意／バブル経済
　　5．市民意識の保守化と文化—————169
　　　1億総中流社会の実像／交通網の整備
　　　／生活のなかの文化

第5章　現代の世界と日本　*175*

　　1．冷戦の終結と東欧革命————————175
　　　米ソ冷戦の終結／東欧の民主化とソ連
　　　の解体／アジアの台頭
　　2．混迷する政治——————————————180
　　　55年体制の崩壊と政界再編／小泉純
　　　一郎内閣の成立／民主党による政権交
　　　代
　　3．バブル経済の崩壊と長期不況————188
　　　失われた10年／規制緩和と財政構造
　　　改革／貿易黒字と財政赤字／リーマン
　　　ショックの影響／企業経営の変容
　　4．社会の変容と文化————————————198
　　　転換期の1995年／冷戦の終結と安保
　　　体制の変容／経済のソフト化・サービ
　　　ス化／バブル経済崩壊後の文化
　　5．当面する諸問題————————————204

III

使用にあたって———

1. 年代表記は通算に便利なように西暦を主と　　　2. 挿入した図版には原則として提供者・所蔵
　し，日本の年号は( )のなかにいれた。　　　　　　者を示した。

第1章 占領下の日本

1　占領と改革

国際連合と米ソ対立

　1945(昭和20)年8月14日，ポツダム宣言受諾による日本軍の無条件降伏によって，1939(昭和14)年にドイツ軍のポーランド侵攻からはじまった第二次世界大戦が終結した。政府は，天皇が読み上げた詔書を録音し，8月15日にラジオで放送し，全国民にそのことを知らせた(「玉音放送」)。「一億玉砕」の徹底抗戦から降伏へと方針が大転換をとげたので，国民を納得させるには天皇の権威を借りる以外に方法がなかった。

　こうしてともかく，日本国民にとっては，1931(昭和6)年の

▲天皇の「玉音放送」を聞く国民　1945(昭和20)年8月15日。(ユニフォトプレス提供)

1　占領と改革　1

満州事変から15年間もつづいた戦争の時代が終わったのであった。

　枢軸国（日・独・伊）と連合国（米・英・ソ・中・仏など）との間で戦われたこの大戦は，人類に多大な犠牲をもたらしたが，大戦中から戦後の平和維持と国際秩序をめぐる協議がおこなわれていた。アメリカの大統領ローズヴェルトとイギリスの首相チャーチルは，1941年8月に大西洋憲章を発表し，独・伊・日の武装解除をめざした。同憲章で示された領土の不拡大，政体選択の自由，各国間の経済協力，恐怖および欠乏からの解放，航海の自由，武力行使の放棄などの原則は，1942年1月に連合国共同宣言として確認され，国際連合設立の基本理念となった。

　そして，日本がポツダム宣言を受諾する4カ月ほど前の1945年4月，連合国50カ国の代表がアメリカのサンフランシスコに集まって会議を開き，10月に「人権と平等」「進歩と平和」をめざす国際連合（加盟51カ国）が成立した。第一次世界大戦後に設置された国際連盟が平和維持機構として機能しなかったことにかんがみ，国際連合は米・英・ソ・中・仏の常任理事国5カ国と非常任理事国10カ国からなる安全保障理事会を設け，平和の破壊に対して，軍事行動の行使をふくむ強制措置の発動を決定できる強大な権限を付与した。重要な決議を通過させるのには9カ国の理事国の賛成を必要とするが，常任理事国には拒否権があり，1カ国でも反対すると決議は成立しない。このように国際連合は，常任理事国5カ国の権限を強化し，実力による世界平和の確立をめざしたのである。

　しかし，国際連合の理念に逆行するかのような動きが大戦末期からあらわれていた。米ソ両国は，朝鮮・中国・東南アジア諸地域の広い範囲を占領していた日本軍の武装解除という点では一致していたが，戦後世界の指導権をめぐって対立を深めつつあったのである。

ヤルタ協定[1]

　三大国即チ「ソヴィエト」連邦，「アメリカ」合衆国及英国ノ指揮者ハ「ドイツ」国カ降伏シ[2]且「ヨーロッパ」ニ於ケル戦争カ終結シタル後二月又ハ三月ヲ経テ「ソヴィエト」連邦カ左ノ条件ニ依リ連合国ニ与シテ日本ニ対スル戦争ニ参加スヘキコトヲ協定セリ[3]
一，外蒙古(蒙古人民共和国)ノ現状ハ維持セラルヘシ
二，千九百四年ノ日本国ノ背信的攻撃[4]ニ依リ侵害セラレタル「ロシア」国ノ旧権利ハ左ノ如ク回復セラルヘシ[5]　……
三，千島列島ハ「ソヴィエト」連邦ニ引渡サルヘシ　……
　三大国ノ首班ハ「ソヴィエト」連邦ノ右要求カ日本国ノ敗北シタル後ニ於テ確実ニ満足セシメラルヘキコトヲ協定セリ
　「ソヴィエト」連邦ハ中華民国ヲ日本国ノ羈絆[6]ヨリ解放スル目的ヲ以テ自己ノ軍隊ニ依リ之ニ援助ヲ与フル為「ソヴィエト」社会主義共和国連邦中華民国間友好同盟条約[7]ヲ中華民国国民政府ト締結スル用意アルコトヲ表明ス

(日本外交年表竝主要文書)

[1]1945(昭和20)年2月11日，ローズベルト・チャーチル・スターリンの米英ソの3首脳がソ連領クリミア半島のヤルタで協議し，秘密協定として結ばれた。　[2]ドイツ降伏は，1945(昭和20)年5月7日。　[3]ソ連の参戦は早ければ7月7日，遅くとも8月7日ということになる。実際の宣戦布告は8月8日　[4]日露戦争。　[5]以下に，(イ)樺太，(ロ)大連・旅順，(ハ)東清・南満州鉄道に関する条件を列記。　[6]束縛。　[7]中ソ友好同盟条約は1945(昭和20)年8月14日に調印された。

ポツダム宣言

　米・英・ソ3国の首脳は，1945年2月にクリミヤ半島のヤルタで会談をおこない(ヤルタ会談)，ソ連の対日参戦，国際連合の設立のほか，戦後処理について協議をした。同年7月には，アメリカのトルーマン大統領，イギリスのチャーチル首相(のちにアトリー首相)，ソ連のスターリン書記長がベルリン郊外のポツダムで会談し，ヨーロッパの戦後処理問題を協議した。この会談の場でアメリカは，対日方針をイギリスに提案し，米・英・中3国の名で，日本の戦後処理方針と日本軍の無条件降伏を勧告するポツダム宣言を発表した。

　ポツダム宣言は日本軍に無条件降伏をよびかけ，①軍国主義勢力の一掃，②日本本土の占領，③植民地の放棄と本州・北海道・九州・四国などへの領土の限定，④日本軍の武装解除，⑤

1　占領と改革　3

ポツダム宣言[1]

五, 吾等ノ条件ハ左ノ如シ
吾等ハ右条件ヨリ離脱スルコトナカルヘシ。右ニ代ル条件存在セス。吾等ハ遅延ヲ認ムルヲ得ス

六, 吾等ハ無責任ナル軍国主義カ世界ヨリ駆逐セラルルニ至ル迄ハ, 平和, 安全及正義ノ新秩序カ生シ得サルコトヲ主張スルモノナルヲ以テ, 日本国国民ヲ欺瞞シ之ヲシテ世界征服ノ挙ニ出ツルノ過誤ヲ犯サシメタル者[2]ノ権力及勢力ハ, 永久ニ除去セラレサルヘカラス

七, 右ノ如キ新秩序カ建設セラレ, 且日本国ノ戦争遂行能力カ破砕セラレタルコトノ確証アルニ至ルマテハ, 連合国ノ指定スヘキ日本国領域内ノ諸地点ハ, 吾等ノ茲ニ指定スル基本的目的ノ達成ヲ確保スルタメ占領セラルヘシ[3]

八, 「カイロ」宣言ノ条項[4]ハ履行セラルヘク, 又日本国ノ主権ハ本州, 北海道, 九州及四国並ニ吾等ノ決定スル諸小島[5]ニ局限セラルヘシ

九, 日本国軍隊ハ完全ニ武装ヲ解除セラレタル後, 各自ノ家庭ニ復帰シ平和的且生産的ノ生活ヲ営ムノ機会ヲ得シメラルヘシ

十, 吾等ハ日本人ヲ民族トシテ奴隷化セントシ, 又ハ国民トシテ滅亡セシメントスルノ意図ヲ有スルモノニ非サルモ, 吾等ノ俘虜ヲ虐待セル者ヲ含ム一切ノ戦争犯罪人[6]ニ対シテハ, 厳重ナル処罰ヲ加ヘラルヘシ。日本国政府ハ日本国国民ノ間ニ於ケル民主主義的傾向ノ復活強化ニ対スル一切ノ障礙ヲ除去スヘシ。言論, 宗教及思想ノ自由並ニ基本的人権ノ尊重ハ確立セラルヘシ

十一, 日本国ハ其ノ経済ヲ支持シ且公正ナル実物賠償ノ取立ヲ可能ナラシムルカ如キ産業ヲ維持スルコトヲ許サルヘシ。但シ日本国ヲシテ戦争ノ為再

戦争犯罪人の処罰, ⑥民主主義的傾向の復活強化, ⑦国民の自由と基本的人権の保障, ⑧経済の非軍事化などを要求した。ポツダム宣言の受諾によって, 日本は歴史上はじめて外国軍隊の占領下におかれることになったが, 日本国民の自由な意思によって平和的で責任ある政府が樹立されれば, 占領軍は撤退するとされていた。

　ポツダム宣言の受諾をめぐっては軍部と政府の見解が異なっていた。降伏にあたって, 「国体護持」, すなわち天皇を頂点とする支配体制を維持するという点では一致していたが, 情勢判断とタイミングにおいて意見が分かれていたのである。そのた

軍備ヲ為スコトヲ得シムルカ如キ産業ハ此ノ限ニ在ラス。右目的ノ為原料
ノ入手（其ノ支配トハ之ヲ区別ス）ヲ許可サルヘシ。日本国ハ将来世界貿易関
係ヘノ参加ヲ許サルヘシ

十二，前記諸目的カ達成セラレ，且日本国国民ノ自由ニ表明セル意志ニ従ヒ，
　　平和的傾向ヲ有シ且責任アル政府カ樹立セラルルニ於テハ連合国ノ占領軍ハ
　　直ニ日本国ヨリ撤収セラルヘシ

十三，吾等ハ日本国政府カ直ニ全日本国軍隊ノ無条件降伏ヲ宣言シ，且右行動
　　ニ於ケル同政府ノ誠意ニ付適当且充分ナル保障ヲ提供センコトヲ同政府ニ対
　　シ要求ス。右以外ノ日本国ノ選択ハ迅速且完全ナル壊滅アルノミトス

（日本外交年表竝主要文書）

[1]1945（昭和20）年7月26日，ベルリン郊外のポツダムで，トルーマン・チャーチル（の
ちアトリー）・スターリンの米英ソ3首脳が会談し，中華民国政府の同意を得て，米英
中3国の共同宣言として出され，対日参戦後ソ連が加わった。全13条。省略した一～四
条は，米英中3国は日本に戦争終結の機会を与える，3国は日本に最終的打撃を加える
態勢をととのえる，軍事力の最高度の使用は日本軍と国土の完全破壊を意味する，日本
帝国の滅亡か「理性ノ経路」かを決定すべき時がきた，と述べている。　[2]軍部・政治
家・財閥などの戦争指導者をさす。　[3]これにより，1945（昭和20）年9月，連合国軍最
高司令官総司令部（ＧＨＱ）がおかれ，1952（昭和27）年4月まで占領された。　[4]カイロ
宣言。　[5]1946（昭和21）年1月のＧＨＱ文書で対馬など約1000の小島とされ，鬱陵
島・竹島などはふくまれなかった。　[6]戦争全般に対する指導的役割について責任を問
われた者を「Ａ級戦犯」，通例の戦争犯罪に対する指揮・命令・防止・義務違反の責任を
問われた者を「Ｂ級戦犯」，通例の戦争犯罪に対する実行者の直接責任を問われた者を「Ｃ
級戦犯」とよんだ。28人のＡ級戦犯は東京裁判で裁かれた。Ｂ・Ｃ級は連合国側の軍事裁
判に付され，処罰された。5000数百名が有罪を宣告され，うち984人が死刑の判決を受けた。

　め日本の回答は遅れ，1945（昭和20）年8月6日に広島，9日に
は長崎に原子爆弾がアメリカ軍によって投下された。また，8
月8日にはソ連が日ソ中立条約を無視して日本に宣戦布告し，
満州・朝鮮・南樺太に侵入した。

　陸軍は，なおも本土決戦を主張していたが，昭和天皇の「聖
断」によって，ポツダム宣言の受諾が決定された。本土の多く
の都市がＢ29の空襲で壊滅的な被害を受けていたが，地上戦が
おこなわれたのは沖縄のみであった。本土決戦となる前に「国
体護持」のため，ポツダム宣言を受諾したのである。

　ポツダム宣言は，軍国主義の除去，民主主義の復活と強化，
基本的人権の尊重，平和的・民主的政府の樹立などを内容とし，

1　占領と改革　5

▲広島(上)・長崎(下)の爆心地の惨状　原爆は広島市中心部の上空で爆発し，約20万人が生命を奪われ，ついで長崎でも死者は7万人以上と推定されている。現在でも多くの人が放射能障害で苦しんでいる。

　アメリカの初期対日占領政策のなかで具体化されていった。降伏の申し入れと同時に鈴木貫太郎内閣は総辞職し，天皇の血縁にあたる皇族の東久邇宮稔彦が首相となった。はじめての皇族内閣であったが，木戸幸一内大臣が枢密院議長の平沼騏一郎と協議をして，軍部の抗戦論をおさえるには皇族内閣を樹立するしかないと判断し，天皇に東久邇宮を推挙したのである。
　東久邇宮首相は，近衛文麿を副首相格の無任所相，警視総監や内務次官を歴任した山崎巌を国内治安の要である内務大臣，外交官の重光葵を連合国との折衝の任を負う外務大臣に任命し，記者会見で「国体護持，一億総懺悔」を強調した。同内閣は，天皇の権威と警察権力をもって国民にのぞみ，「国体護持」，すなわち天皇制を維持することを最大の目的としていたのである。そして，「この際私は軍官民，国民全体が徹底的に反省し懺悔しなければならぬと思ふ。全国民総懺悔することが，わが国再建の第一歩であり，わが国内団結の第一歩であると信ずる」と，「一億総懺悔」論を展開し，全国民に戦争責任をおしつけようとした。

▶降伏文書の調印
1945(昭和20)年9月2日,東京湾上の戦艦「ミズーリ号」で,降伏文書の調印式がおこなわれた。日本政府代表重光葵外相,軍部代表梅津美治郎参謀総長とマッカーサー連合国軍最高司令官と9カ国の代表が署名し,3年8カ月の太平洋戦争が終結した。(毎日新聞社提供)

アメリカの占領方針

　日本が降伏すると,アメリカはただちにフィリピンにいた太平洋陸軍司令官マッカーサーを日本占領のための連合国軍最高司令官総司令部(GHQ／SCAP)に任命し,ソ連やイギリスもこれを認めた。日本を占領したのは連合国とされているが,実質的にはアメリカの単独占領であった。また,同じ敗戦国のドイツのように,占領軍が行政や司法を担当する直接統治ではなく,最高司令官が日本政府に命令し,日本政府が実行するという間接統治の方式がとられた。ただし,朝鮮半島南部および奄美諸島・琉球諸島をふくむ南西諸島と小笠原諸島はアメリカ軍が,朝鮮半島北部および南樺太・千島列島などはソ連軍が占領し,直接軍政をしいた。また台湾は中国に返還された。

　1945(昭和20)年8月30日,マッカーサー元帥が神奈川県厚木飛行場に降り立ち,9月2日に東京湾上の戦艦ミズーリ号の艦上で降伏文書の調印式がおこなわれた。連合国側はマッカーサー1人,日本側は重光外相と梅津美治郎参謀総長の2人が署名した。

　アジア太平洋戦争中,日本の軍隊が占領する側としてアジア各地の街に入ることは何度もあったが,今度は敵国の軍隊を

「進駐軍」として迎え入れることになったのである。

　ＧＨＱの本拠は，東京日比谷のお堀端の第一生命ビルにおかれ，連合国の対日占領政策の実施命令はここから発せられ，日本政府を通じて実施された。占領軍の日本政府に対する要求は，法律の制定をまたずに勅令（「ポツダム勅令」）によって実施に移され，憲法をもしのぐ超法規的性格を有していた。さらにアメリカ政府は，マッカーサーに対して日本政府の措置に不満な場合には直接行動をとる権限をあたえていた。

　ＧＨＱの組織は，幕僚第1局から第5局までの幕僚各局と民間情報教育局，民政局，経済科学局などからなり，民政局が

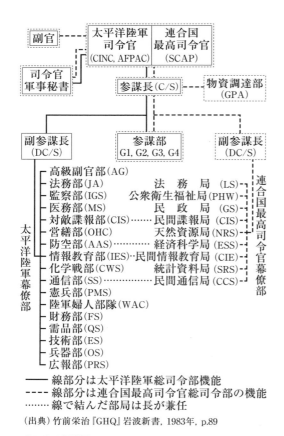

(出典) 竹前栄治『ＧＨＱ』岩波新書，1983年，p.89

▲ＧＨＱの組織図

アメリカの初期対日政策[1]

　本文書ハ降伏後ノ日本国ニ対スル初期ノ全般的政策ニ関スル声明ナリ。本文書ハ大統領[2]ノ承認ヲ経タルモノニシテ，連合国〔軍〕最高司令官[3]及米国関係各省及機関ニ対シ指針トシテ配布セラレタリ。……

第一部　究極ノ目的

㈠日本国ガ再ビ米国ノ脅威トナリ，又ハ世界ノ平和及安全ノ脅威トナラザルコトヲ確実ニスルコト

㈡他国家ノ権利ヲ尊重シ，国際連合憲章ノ理想ト原則ニ示サレタル米国ノ目的ヲ支持スベキ平和的且責任アル政府ヲ究極ニ於テ樹立スルコト，……

第二部　連合国ノ権限

一，軍事占領　降伏条項ヲ実施シ，上述ノ究極目的ノ達成ヲ促進スル為日本国本土ハ軍事占領セラルベシ。右占領ハ日本国ト戦争状態ニ在ル連合国ノ利益ノ為行動スル主要連合国為ノ軍事行動タルノ性格ヲ有スベシ。右ノ理由ニ由リ対日戦争ニ於テ指導的役割ヲ演ジタル他ノ諸国ノ軍隊ノ占領ヘノ参加ハ歓迎セラレ且期待セラルルモ，占領軍ハ米国ノ任命スル最高司令官ノ指揮下ニ在ルモノトス。……主要連合国ニ意見ノ不一致ヲ生ジタル場合ニ於テハ米国ノ政策ニ従フモノトス

二，日本国政府トノ関係　天皇及日本国政府ノ権限ハ，降伏条項ヲ実施シ且日本国ノ占領及管理ノ施行ノ為樹立セラレタル政策ヲ実行スル為必要ナル一切ノ権力ヲ有スル最高司令官ニ従属スルモノトス。……

第三部　政治

一，武装解除及非軍事化　武装解除及非軍事化ハ軍事占領ノ主要任務ニシテ，即時且断乎トシテ実行セラルベシ。……日本国ハ陸海空軍，秘密警察組織[4]又ハ何等ノ民間航空ヲモ保有スルコトナシ。……軍国主義及侵略ノ重要ナル推進者ハ拘禁セラレ，将来ノ処分ノ為留置セラルベシ。軍国主義及好戦的国家主義ノ積極的推進者タリシ者ハ，公職及公的又ハ重要ナル私的責任アル如何ナル地位ヨリモ排除セラルベシ[5]。……

第四部　経済

一，経済上ノ非軍事化　……

二，民主主義勢力ノ助長　……

㈠将来ノ日本国ノ経済活動ヲ専ラ平和的目的ニ向テ指導セザル者ハ，之ヲ経済界ノ重要ナル地位ニ留メ又ハ斯ル地位ニ選任スルコトヲ禁止スルコト

㈡日本国ノ商工業ノ大部分ヲ支配シ来リタル産業上及金融上ノ大「コンビネーション」ノ解体計画ヲ支持スベキコト[6]　　　　　　　（日本外交主要文書・年表）

[1]1945(昭和20)年9月22日に公表され，9月24日付の各新聞に全文が掲載された。四部からなる。　[2]トルーマン。　[3]マッカーサー。その司令部をGHQという。　[4]憲兵と特別高等警察(特高)。　[5]公職追放を規定した条項。1946(昭和21)年1月公職追放令，5月教職追放令，12月労働追放令が出され，翌年1月には地方・民間にも拡大され，追放者は20万人をこえた。　[6]財閥解体を明らかにしている

占領初期の憲法改正，地方行政の地方分権化，選挙制度改革などの民主化を，経済科学局が財閥解体，労働組合の結成援助，経済復興，税制改革など一連の経済民主化政策を担当した。

　連合国軍最高司令官総司令部が日本占領を統治する機関となり，極東委員会がその上部機関と位置づけられた。同委員会は，米・英・ソ・中・仏・インド・オランダ・カナダ・オーストラリア・ニュージーランド・フィリピンの11カ国からなり，1946年2月にワシントンで最初の委員会を開いた。

　極東委員会による占領政策には，アメリカの意向が強く反映されていた。空襲と原爆投下で日本を降伏させたアメリカの地位は，日本占領に関しては別格で，緊急事態には極東委員会の決定をまたずに「中間指令」を出すことができた。また，米・英・ソ・中の代表で構成された対日理事会は，農地改革のさいをのぞくとそれほど大きな影響力をもたなかった。

　アメリカの極東戦略の究極の目標は，中国の国民政府を同盟国とし，日本については徹底的な非軍事化と民主化を進めて日本社会を改造し，ふたたびアメリカや東アジア地域の脅威にならないようにするという点にあった。

　ＧＨＱは，1945（昭和20）年10月，日本政府に「政治的・民事的・宗教的自由ニ対スル制限ノ撤廃ニ関スル件」（いわゆる「人権指令」）を指令し，治安維持法や特別高等警察の廃止，共産党員をはじめ政治犯の即時釈放を求め，天皇制に関する自由な議論を奨励した。このように思想や言論の自由など市民的自由の保障が進められたが，他方で占領軍に対する批判はいわゆるプレス゠コード（新聞発行綱領）で禁止され，新聞などの出版物は事前検閲を受けなければならなかった。

　占領軍の指令は，天皇制のもとでの抑圧体制を否定するものであった。そのため，戦前期の国家体制をそのまま維持しようとしていた東久邇宮内閣は，この指令を実行することはできないとして総辞職した。

10　第1章　占領下の日本

アジア諸国の解放と独立

　東南アジア諸国は，日本軍が撤退したのち旧宗主国との戦いを経て独立を達成した。日本が対米・英戦争によって東南アジア諸国を解放したのではなく，日本の占領支配に抵抗するなかで民族独立運動が高揚し，日本の降伏後に日本軍と入れかわってやってきた旧宗主国の軍隊と戦い，独立を勝ちとっていったのである。

　ベトナムでは，1941年以来ベトナム独立同盟会(ベトミン)による日本の支配に対する抵抗運動がつづけられていた。日本が降伏すると，ベトミンは1945年8月に一斉蜂起，9月にベトナム民主共和国(北ベトナム)の独立を宣言し，ホー・チ・ミンが初代国家主席に就任した。しかし，その後ベトナム民主共和国は，英・米・ソの支持のもとに再植民地化をめざすフランス軍と長い独立戦争を戦わなければならなかった。フランス軍がベトナムから撤退したのは1954年7月であったが，このときベトナムの国土は北緯17度線で南北に分断された。その後，南ベトナムでは，ゴ・ディン・ジェムがアメリカを後ろ盾に大統領となり，国名をベトナム共和国と改称した。

　ビルマでは，アウンサンの率いる「反ファシスト人民自由連盟(ＡＦＰＦＬ)」が1945年3月から抗日武装闘争を開始し，日本の降伏後はふたたび反英独立運動を展開し，1947年1月にイギリスのアトリー首相との間で独立協定に調印して，翌1948年1月に独立を宣言した。アメリカ領であったフィリピンでは，抗日人民軍を中心に抗日ゲリラ戦を戦ってきたが，日本降伏後の1946年7月にはアメリカから独立し，フィリピン共和国が成立した。旧オランダ領東インドでは，日本降伏直後の1945年8月17日，スカルノを首班とするインドネシア共和国の独立が宣言された。しかし，旧宗主国のオランダが再植民地化に乗り出したため，オランダとの間で独立戦争がおこり，1949年12月にインドネシア連邦共和国が成立した。

　日本の植民地支配のもとにあった朝鮮や中国にとって，1945

1　占領と改革　11

(昭和20)年8月15日は解放の日であった。アメリカはソ連が朝鮮全土を制圧することをおそれ，ソ連側に北緯38度線を米・ソ両軍の対日武装解除の境界線とすることを提案し，ソ連の同意をえた。このことが，朝鮮半島の南北分断の要因ともなった。

　中国では，日本の降伏直後から共産党軍と国民党軍の内戦が激化した。アメリカは国民党を援助するとともに，内戦の調整につとめたが，国民党の腐敗と共産党による農村の掌握が急速に進み，国民党による中国の統一，強力な反共国家の建設というアメリカの目論見は実現せずに終わった。

2　非軍事化と民主化

「五大改革」の指令

東久邇宮稔彦内閣総辞職後の1945(昭和20)年10月，幣原喜重郎が組閣した。幣原は，戦前期に対英米協調外交を主導してきた実績があり，戦争責任者となる心配がなく，アメリカの歓心を買うことができると判断されたからである。なお，吉田茂が外相として内閣にとどまり，GHQとの連絡役となった。

マッカーサーは，1945(昭和20)年10月，幣原首相に対して，①選挙権付与による婦人の解放，②労働組合結成の奨励，③自由主義的教育の実施，④秘密警察の廃止，⑤経済機構の民主化の，いわゆる「五大改革」を指令した。幣原首相をはじめ日本の当局者は，戦時中の体制を廃止して戦前の日本にもどせばよいと考えていたが，アメリカはもっと根本的な社会の改革を要求しており，憲法の自由主義化をも示唆していた。五大改革の指令に引きつづき，GHQは1946(昭和21)年1月に公職追放令を発した。そして，軍国主義を進めてきた教員の教職からの即時追放，財閥財産の凍結，財閥解体，皇室財産の凍結，戦時補償の凍結，軍人恩給の廃止，財産税と戦時利得税の創設，農民解放，国家と神道の分離，軍国主義者の公職追放，超国家主義団体の解散などを指令した。

幣原首相は，1945(昭和20)年10月に日本共産党の徳田球一ら政治犯約500人の釈放を決めると，11月にかけて国防保安法，軍事機密保護法，言論出版集会結社等臨時取締法，治安維持法，思想犯保護観察法，治安警察法などをつぎつぎと廃止した。これら一連の措置によって，国民の自由な政治活動が可能となった。

1945(昭和20)年11月には社会民主主義をかかげる日本社会党の結党大会が開かれ，片山哲が書記長に就任した。片山はのちに委員長となり，書記長には西尾末広が就任したが，社会主義

2　非軍事化と民主化　13

◀日本社会党の結党大会
日本社会党の綱領・政策・党則などを発表する中央執行委員の鈴木茂三郎。結党直後は，社会民主主義者の西尾末広らの右派が優勢であった。1947（昭和27）年4月の総選挙で，第1党となる。（毎日新聞社提供）

政党としてしっかりした理念で結束していたわけではなく，党内には左右のさまざまな考え方が混在していた。

きびしい弾圧のもとで活動を中止していた日本共産党も，同年12月の党大会で行動綱領を採択し，徳田球一が書記長となった。綱領では，天皇制打倒とブルジョア民主主義革命をめざすとし，アメリカ占領軍を専制主義ないし軍国主義からの解放軍であると規定した。

一方，保守政党では，旧立憲政友会久原派が鳩山一郎を総裁，河野一郎を幹事長に選び，日本自由党を結成した。鳩山は結成大会で，天皇制の護持，プロレタリアート独裁の排撃，私有財産制の維持に死力をつくさなければならないと，反共的な演説をおこなった。町田忠治を総裁とし，保守色の強い日本進歩党も結成された。町田は戦前期の立憲民政党総裁で，戦争中は小磯国昭内閣の国務相，翼賛議員連盟顧問などの要職にあった。

幣原内閣は1945（昭和20）年11月から12月にかけて第89臨時議会を開催し，衆議院議員選挙法を改正した。選挙権は満25歳以上の男性から満20歳以上の男女に，被選挙権は満30歳以上の男性から満25歳以上の男女に拡大した。また，選挙区と投票方法は大選挙区制限連記制＊とされ，選挙運動の取り締まりも簡素化された。

14　第1章　占領下の日本

▶**女性議員の誕生** 戦後初の総選挙で,女性は78名が立候補し,大選挙区制限連記制の有利も手伝って,39名が当選した。衆議院の議場最前列には着物姿で登院した女性議員が並び,戦前の衆議院とは違う光景をみせ,民主化を実感させた。(毎日新聞社提供)

＊**大選挙区制限連記制** 1選挙区から定数よりも少ない複数の候補者名を連記する選挙制度。1946(昭和21)年の第22回衆議院議員選挙で実施され,定数10以下の選挙区では2名連記,定数11以上の選挙区では3名連記とされた。

女性参政権獲得運動のリーダーの1人であった市川房枝は,1945(昭和20)年8月に戦後対策婦人委員会を組織し,9月には女性参政権などを政府や各政党に申し入れた。そして,11月には市川を会長とする新日本婦人同盟が設立され,女性の封建的諸拘束などからの解放を訴えた。

衆議院議員選挙法が改正されると,幣原内閣は衆議院を解散した。GHQは公職追放などを指令し,実際に選挙がおこなわれたのは翌1946(昭和21)年4月であった。各政党は,食糧問題とインフレ対策を訴え,定数466に対して2770人が立候補するという大混戦となった。結果は,日本自由党140,日本進歩党94,日本社会党92,日本協同党14,日本共産党5,そのほか諸派38,無所属81であった。当初の予想とは異なって,日本自由党が140議席を獲得して第1党となり,39名の女性議員が誕生した。幣原内閣の与党の日本進歩党は94議席にとどまり,大敗北を喫したことになる。しかし,幣原首相は,内閣総辞職を回避していたので,政局は1カ月以上にもわたって混乱した。

2 非軍事化と民主化 15

▲極東国際軍事裁判(東京裁判) 1946(昭和21)年5月3日の開廷以来,2年半余りにわたって審理がおこなわれた。1948(昭和23)年11月12日,A級戦犯25名(被告のうち3名は裁判の途中で病死などで免訴)に判決が申しわたされ,東条被告ら7名が絞首刑となった。右側にみえる証言台にすわっているのが東条英機。(時事通信社提供)

軍国主義者の追放

　日本の国内外に配備された陸・海軍の将兵は約789万人にのぼったが,降伏後は武装解除・復員が進み,日本の軍隊は解体・消滅した。連合国は,戦争犯罪者をきびしく処罰する方針をたて,通常の戦争犯罪のほかに,「平和に対する罪」「人道に対する罪」も国際法上の犯罪とみたてた。そして,日本を侵略戦争に引きずり込んだものをA級戦犯,従来の戦時国際法＊に規定された通例の戦争犯罪人をB級戦犯,殺害・虐待などの非人道的な行為をおかしたものをC級戦犯とした。

　　＊**戦時国際法**　武力紛争において,あらゆる軍事組織が遵守すべき義務を明文化した国際法。開戦・終戦,交戦者資格,捕虜条約の適用,許容される諜報活動,死傷者の収容・保護,非武装地帯などについて定めている。違反すると,戦争犯罪者として裁かれる。

　1945(昭和20)年9月から12月にかけて,GHQは軍や政府首

脳など，日本の戦争指導者をつぎつぎと逮捕した。そうしたなかで，天皇を戦犯として訴追するかどうかが問題となった。天皇の戦争責任を追及すべきだという議論もあったが，アメリカはむしろ天皇を日本の占領統治に利用すべきだと考え，戦争責任を追及しなかった。昭和天皇は，1946(昭和21)年の元日，いわゆる人間宣言をおこない，「現御神」としての天皇の神格をみずから否定した。

　マッカーサーは，1946(昭和21)年1月に極東国際軍事裁判所の設置を命令し，ＧＨＱの一部局である国際検察局を中心に被告の選定が進められ，同年5月に東条英機らＡ級戦犯28人を被告とする，いわゆる東京裁判が開廷した。東京裁判で問われたのは，日本が内戦に乗じて中国への侵略を本格化させた1928(昭和3)年1月1日から，日本が降伏文書に調印した1945(昭和20)年9月2日までの「平和に対する罪」，すなわち日本を侵略戦争に駆り立てた共同謀議についてであった。

　審理の結果，1948(昭和23)年11月，東条英機以下7名の死刑をはじめ，全員(病死者など3名をのぞく)に有罪の判決が下され，12月に死刑が執行された。しかし，11名の裁判官のなかには意見の対立があり，インドのパル，オランダのレーリンクらは反対意見を述べている。国家の指導者個人が戦争犯罪人として裁かれたのは，かつて例のないことであった。

　なお，Ｂ・Ｃ級戦犯については，オランダ，イギリスなど関係諸国がアジアに設置した裁判所で5700人余りが起訴され，984人が死刑，475人が終身刑の判決を受けた。

　東京裁判は，天皇を免罪としたこと，731部隊の細菌戦などが問題にされなかったこと，アジア諸国に対する日本の加害の事実が十分に明らかにされなかったこと，などの問題点はあったが，侵略戦争を悪とし，「平和に対する罪」を問題にしたという点で画期的であった。

2　非軍事化と民主化　17

日本国憲法の制定

　1945(昭和20)年10月，マッカーサーは幣原喜重郎首相と会談し，大日本帝国憲法(明治憲法)の改正を要請した。幣原には憲法を改正するという積極的な意思はなかったが，マッカーサーの指示を受けると，憲法改正が国務であり内閣の責任であるとして閣議決定した。

　民間では，高野岩三郎，鈴木安蔵，森戸辰男らによる憲法研究会が，1945(昭和20)年12月に主権在民原則と立憲君主制を採用した「憲法草案要綱」を発表し，ＧＨＱや日本政府に提出した。ＧＨＱは，マッカーサー草案(ＧＨＱ草案)を作成するさいに，この「憲法草案要綱」も参照したといわれている。

　一方日本政府は，国務大臣の松本烝治を委員長とする憲法問題調査委員会を設置し，1946(昭和21)年２月に「憲法改正要綱」(いわゆる松本試案)をまとめた。しかし，これはあまりにも保守的で，国体護持を前提とし，天皇制にもとづいた明治憲法の根本原則を変更するものではなかった。

　松本試案の内容を知ったマッカーサーは，①天皇は国家の元首(the head of State)であること，②戦争を放棄すること(非武装，交戦権の否認)，③封建的諸制度を廃止すること，の３原則を示して，民政局にＧＨＱ草案の作成を指示した。そして，日本政府が提出した松本試案を拒否し，ＧＨＱ民政局が起草した新憲法草案を日本側に提示した。ＧＨＱの草案には，天皇大権を否定し，基本的人権と民主主義を尊重するなど，きわめて進歩的な内容が盛り込まれていた。

　幣原首相は，マッカーサーからＧＨＱ草案を受け入れる以外にないと説得され，その基本原則を受け入れながらも，衆議院のみの一院制とされていた国会を，参議院を加えて二院制とするなど，若干の修正を施し，1946(昭和21)年３月に象徴天皇制，戦争放棄，国民主権を基調とする「憲法改正草案要綱」を作成した。この政府案はマッカーサーの支持を受けるとともに，天皇制の廃止を主張していた日本共産党をのぞく各党の賛同もえた。

18　第1章　占領下の日本

日本国憲法

〔前文〕 日本国民は，正当に選挙された国会における代表者を通じて行動し，われらとわれらの子孫のために，諸国民との協和による成果と，わが国全土にわたつて自由のもたらす恵沢を確保し，政府の行為によつて再び戦争の惨禍が起ることのないやうにすることを決意し，ここに主権が国民に存することを宣言し，この憲法を確定する。……

第一条　天皇は，日本国の象徴であり日本国民統合の象徴であつて，この地位は，主権の存する日本国民の総意に基く。

第九条　日本国民は，正義と秩序を基調とする国際平和を誠実に希求し，国権の発動たる戦争と，武力による威嚇又は武力の行使は，国際紛争を解決する手段としては，永久にこれを放棄する。

② 前項の目的を達するため，陸海空軍その他の戦力は，これを保持しない。国の交戦権は，これを認めない。

第一一条　国民は，すべての基本的人権の享有を妨げられない。この憲法が国民に保障する基本的人権は，侵すことのできない永久の権利として，現在及び将来の国民に与へられる。

第二五条　すべて国民は，健康で文化的な最低限度の生活を営む権利を有する。

② 国は，すべての生活部面について，社会福祉，社会保障及び公衆衛生の向上及び増進に努めなければならない。

第二八条　勤労者の団結する権利及び団体交渉その他の団体行動をする権利は，これを保障する。

幣原首相は，1946(昭和21)年4月に同要綱を成文化し，憲法改正草案として発表した。『毎日新聞』(1946〈昭和21〉年5月27日)によれば，象徴天皇制は85%，戦争放棄は70%という高い世論の支持をえていた。

幣原首相の後任の吉田茂首相は，この憲法改正草案を1946(昭和21)年6月に枢密院に提出した。枢密院本会議では，憲法学者の美濃部達吉が明治憲法の改正という手続きをとることに反対したが可決され，草案は1946(昭和21)年の第90臨時帝国議会(貴衆両院)に提出された。帝国議会で議論が集中したのは，衆議院，貴族院ともに国体が変わるのか否かという点で，主権が天皇にあるのか，国民にあるのかが最大の論点となった。議論の結果，前文で「ここに主権が国民に存することを宣言し」と明記し，第1条で象徴としての天皇の地位は「主権の存する日

2　非軍事化と民主化　19

本国民の総意に基く」ものであると修正された。

　戦争放棄についても議論がなされ，戦争一般ではなく侵略戦争の放棄とすべきではないかという意見もあったが，吉田首相は多くの戦争が防衛の名のもとでの侵略戦争であったと述べ，正当防衛を認めることは戦争を誘発することになりかねないので，戦争放棄には例外がないと答弁した。なお，衆議院の修正段階で，衆議院憲法改正委員会委員長の芦田均の発案により，戦力不保持に関する第9条第2項に「前項の目的を達するため」という字句が加えられ，自衛のための軍隊保持にふくみをもたせた。

　こうして新憲法は1946（昭和21）年10月7日に成立し，明治天皇の誕生日である明治節の11月3日に公布された。11月3日は，この日をもって「文化の日」となった。そして，翌1947（昭和22）年5月3日に日本国憲法として施行された。

　日本国憲法は，主権在民・平和主義・基本的人権の尊重という大原則に立ち，天皇は日本国と日本国民統合の象徴であって，国政への権能を有しないとした。国民の代表機関として，二院制（衆参両院）の国会が国権の最高機関となり，行政府の首長である内閣総理大臣の指名権をもった。このように議院内閣制が制度化され，議会制民主主義の原則が確立された。また，第9条の戦争の放棄と戦力の不保持は，類例のないこととして世界の注目をあびた。

民法の改正と家族制度の改革

　日本国憲法が公布されると，新憲法の精神にもとづいて，多くの法律が制定されたり，大幅に改正されたりした。1947（昭和22）年には民法が改正された（新民法）。日本国憲法で，国民の法のもとでの平等，両性の合意による婚姻，個人の尊厳，両性の本質的平等が規定されたため，これに反する民法の規定は憲法違反となるからであった。そこで，憲法施行日から応急措置の臨時立法をしたうえで本格的な改正にとりかかり，1947

20　第1章　占領下の日本

年	明治民法(新民法)1898年施行	現行民法　1947年改正
戸主規定	戸主は一家の長であり，扶養の義務を負う(747条)	戸主権の規定なし
婚姻	25歳以下の女子は戸主の同意が必要(772条)	20歳以上は親の同意は不要(737条)
貞操義務	妻の姦通は離婚事由になるが，夫には姦通罪の適用がなく離婚事由にならない(813条)	配偶者(夫・妻の区別なし)の不貞行為で離婚可能(770条)
財産	夫は妻の財産を管理し，無償で使用する(810条)	該当条文なし
親権	親権は父親にある(877条)	親権は両親にある(818条)
相続	家督相続は直系男子優先，単独相続(970条)	遺産相続は男女平等(900条)

▲明治民法と現行民法

(昭和22)年12月に新民法が公布された。

第1編「総則」では，私権は公共の福祉にしたがうこと，信義誠実の原則，権利濫用の禁止などを冒頭にかかげた。第4編「親族」の最大の改正点は，戸主制度を廃止したこと，また婚姻の自由，夫婦の平等，夫婦財産制，妻の能力の確認，離婚原因の相対化，庶子名称の廃止，父母共同親権，近親の相互扶養なども規定された。第5編「相続」では，均分相続，配偶者の相続権，遺産の国庫帰属などを規定した。

こうして，これまでの「家」中心の戸主制度が廃止され，男女同権の新しい家族制度が定められた。戸主の家族員に対する支配権は否定され，家督相続制度にかえて財産の均分相続が定められ，婚姻・家族関係における男性優位の諸規定は廃止されたのである。また，刑事訴訟法も人権尊重を主眼に全面改正され，刑法の一部改正によって大逆罪・不敬罪・姦通罪などが廃止された。

地方自治

従来の中央集権的な地方行政制度は，ＧＨＱの指導によって地方自治の本旨にそうものに変えられ，都道府県・市町村行政に自治制度が大幅に取り入れられた。日本国憲法の施行前には，明治憲法に抵触しない範囲で，都道府県知事や市町村長の公

2　非軍事化と民主化　21

選，自治体選挙における女性選挙権，住民の直接請求権など，いわゆる第1次地方自治改革がおこなわれた。

　日本国憲法は，地方自治の章を設け，「地方公共団体の組織及び運営に関する事項は，地方自治の本旨に基いて，法律でこれを定める」としている。すなわち地方自治は，国から独立した地方公共団体が存在し，それに十分な自治権が保障されなければならないという「団体自治の原理」と，各自治体では住民主体の自治がおこなわれなければならないという「住民自治の原理」からなるというのである。また，日本国憲法は，首長公選，地方公共団体の財産管理権，事務処理権，行政執行権，条例制定権についても定めていた。

　このような日本国憲法にもとづいて，1947(昭和22)年4月に地方自治法が公布され，地方公共団体の種類，事務，機関などが定められた。ほかに地方財政法，地方税法など多くの法律が制定されて地方自治制度が形づくられ，これまで国の事務であったものが，都道府県知事や市町村長に対する機関委任事務として位置づけられた。

　こうして中央集権的な地方制度が廃止され，都道府県知事や市町村長の公選制が実現し，住民参加の地方自治制が採用された。また，1947(昭和22)年末には内務省が廃止された。中央集権化の権化とされた内務省が廃止されたことは，地方自治の確立に大きな意味をもった。

　しかし，地方自治には十分な財政基盤があてられなかった。とくに警察を自治体に委譲する制度は，財政難からすぐに破綻し，地方自治が形骸化する要因の1つとなった。

22　第1章　占領下の日本

3　民主的諸改革

経済改革

　ＧＨＱは，家族・持株会社・傘下会社という形で垂直に組織
された財閥組織を非民主的で，日本軍国主義の温床の１つに
なっていると認識し，占領直後から徹底的に解体した。財閥本
社を解体するとともに，財閥本社や財閥家族が保有する傘下企
業の株式を強制的に持株会社整理委員会に譲渡させ，それを従
業員などの大衆に売却し，分散的な株式所有構造を創出すると
いうのである。

　まず1945(昭和20)年11月に，三井，三菱，住友，安田など15
財閥の資産凍結・解体を命じた。翌1946(昭和21)年８月には持
株会社整理委員会が発足し，株式の強制譲渡の対象となる持株
会社を指定した。当初は純粋な持株会社(10大財閥)のみに限定
しようとしていたが，1946(昭和21)年１月に来日した財閥に関
する調査団(エドワーズ調査団*)の報告書によって変更され，
最終的に指定持株会社は83社に拡大した。持株会社整理委員会
に譲渡された株式も，当時の発行株式総数の20%前後となった。

　　*エドワーズ調査団　シカゴ大学，オレゴン大学などの教授を
　　　歴任したアメリカの経済学者エドワーズ(C.D.Edwards)を団長
　　　とする調査団。1946(昭和21)年に来日し，財閥解体の指針とな
　　　る報告書を作成した。

　持株会社整理委員会に譲渡された株式の処分は，1947(昭和
22)年半ばから本格化し，①従業員，②工場周辺の地域住民，
③一般公衆というＧＨＱが定めた優先順位にしたがって売却さ
れた。その結果，1949(昭和24)年の個人株主は70%ほどになっ
た。

　ＧＨＱは，旧経営陣の戦争責任を追及して退陣を指示した。
1947(昭和22)年１月に公職追放の一環として「財界追放」がおこ
なわれ，約2000人の経営者が役職を追われた。また，1948(昭

```
         ┌─────────────────────────────────┐
         │ GHQ（連合国軍最高司令官総司令部）│
         └─────────────────────────────────┘
                        │指令
                        ▼
         ┌─────────────────────────────────┐
         │         持株会社整理委員会       │
         │ 1946年8月発足。51年7月解散。持株会社10家│
         │ 56名所有の株券（有価証券）の譲渡を受ける│
         └─────────────────────────────────┘
    指定  ↑株券譲渡              ↑株券譲渡  指定
    ┌──────────────┐          ┌──────────────┐
    │ 持株会社の指定(83社)│          │  財閥家族の決定  │
    │ 1946年9月6日～47年9月│          │    10家56名    │
    │ 26日              │          │  1947年2月20日  │
    ├──────────────┤          ├──────────────┤
    │三井・三菱・住友・安田な│          │三井(11名) 岩崎(11名)│
    │ど4大財閥本社や浅野・日│          │住友(4名)  安田(10名,のち1名追加)│
    │本窒素肥料などその他の財│          │浅野(4名)  野村(4名)│
    │閥が指定を受け, 28社が解体│          │中島(5名)  大倉(4名)│
    │                    │          │古河(2名)  鮎川(1名)│
    └──────────────┘          └──────────────┘
                        │
                        ▼
            ┌─────────────────────┐
            │ 一般・民間への株式売却 │
            └─────────────────────┘
                        │
                        ▼
            ┌─────────────────────┐
            │      独占体制の排除    │
            │ 1947.4  独占禁止法    │
            │     12  過度経済力集中排除法│
            │ 1948.1  財閥同族支配力排除法│
            └─────────────────────┘
                        │
  ┌問題点┐─┌─────────────────────────┐
  │     │ │1.過度経済力集中排除法では，325社を指定し│
  │     │ │  たが，実施は11社のみ               │
  │     │ │2.財閥系銀行は解体されず，残る        │
  └─────┘ └─────────────────────────┘
                        │
                        ▼
         ┌─────────────────────────┐
         │ のちに銀行を中心とする企業集団を形成 │
         └─────────────────────────┘
```

▲財閥解体への道

◀財閥の株券引き渡しに立ちあう GHQ（1946〈昭和21〉年10月8日）　財閥解体で三菱本店より運び出される株券。三井・三菱などの株券は，日本勧業銀行の倉庫に保管された。（毎日新聞社提供）

和23)年1月に公布された財閥同族支配力排除法*の該当者は3625人とされたが，実際に退職したのは165人にとどまった。旧経営者が退陣し，所有型経営者が排除されたあとを埋めたのは大企業の内部昇進者である「サラリーマン重役」であった。1951（昭和26）年から1952（昭和27）年にかけて週刊誌『サンデー毎日』に連載された源氏慶太の小説「三等重役」は，このようにして平社員から昇任した重役の生態を描いたものである。

> *財閥同族支配力排除法　1948（昭和23）年に公布され，民主的で健全な経済の発展を促すため，財閥家族と近い関係にある財閥役員に役職の辞任を強制した。関係会社における役員の兼任も禁止し，財閥の組織的な解体を進めたが，1951（昭和26）年に廃止となった。

1947（昭和22）年4月には，いわゆる独占禁止法の公布によって持株会社やカルテル，トラストが禁止され，12月には過度経済力集中排除法が公布されて巨大企業の分割がおこなわれた。同年7月，戦前期日本の海外貿易や国内取引に重要な地位を占めた三井物産と三菱商事に徹底的な解体指令が出され，物産は200社以上，商事も60社以上に分割された。

　製造業や金融業も過度経済力集中排除法の適用を受け，当初は325社が分割の対象となった。しかし，1948（昭和23）年以降，東西冷戦が深刻化し，対日占領政策の目標が「潜在的戦争能力の排除」から「速やかな経済復興」に変わると，銀行は同法の適用から除外され，製造業の分割も18社の指定にとどまった。

　それでもこの過程で，日本製鉄，王子製紙，大日本麦酒など，戦前期に肥大化した大企業が分割された。なかには川崎重工から川崎製鉄が分離するなど，集中排除法の指令をまたずに分割する会社もあり，戦前期とは異なった競争的な市場構造が出現した。

3　民主的諸改革　25

農地改革

　ＧＨＱは，農民層の窮乏が日本の対外侵略の大きな要因となったとし，寄生地主制を除去し，安定した自作農経営を創出する農地改革の実施を求めた。すでに，1938(昭和13)年の農地調整法の公布をはじめとする一連の政策によって，小作人の賃借権の強化，小作料の統制，道府県・市町村農地委員会の設置，行政の小作調停による関与の増大などが進められていたが，幣原内閣は1945(昭和20)年12月に，①不在地主の全貸付地及び在村地主の５町歩をこえる貸付地の強制的譲渡，②小作料の金納固定化，③地主・自作・小作の３者からなる市町村農地委員会の設置などを骨子とする農地調整法改正案を議会に提出した。

　これには衆議院が反対し，議案は審議未了になりかけた。しかし，1945(昭和20)年12月にＧＨＱが「農地改革に関する覚書」を発して徹底的な農地改革を要求し，翌1946(昭和21)年３月までに改革計画を提出するよう指令した。これで議会の抵抗がおさまり，農地調整法の改正がおこなわれた(第１次農地改革)。

　しかし，ＧＨＱは第１次農地改革を不徹底であるとし，より徹底した改革を求めた。その結果，1946(昭和21)年10月に自作農創設特別措置法と改正農地調整法が公布され，第２次農地改革がおこなわれた。その要点は，以下のようである。

　①　不在地主の全貸付地と在村地主の貸付地で，保有限度
　　　(北海道で４町歩，都府県で平均１町歩)をこえる部分を国
　　　が強制的に買収し，小作人に売却する。
　②　残存小作地の小作料を金納化し，小作料の高騰を防ぐた
　　　めに最高小作料率を設ける。
　③　農地の買収・売渡しの実務にあたる市町村農地委員会の
　　　委員構成を，地主３，自作農２，小作農５とする。

　農地改革は，この３点を柱にして1946(昭和21)年末から1950(昭和25)年にかけて実施された。解放された農地面積は，約

▶農地改革のポスター （国立公文書館蔵）

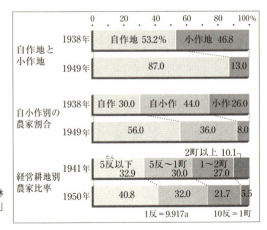

▶農地改革表（「農林省統計調査局資料」より）

199万町歩に及んだが，これは1945（昭和20）年11月当時の小作地面積の83％に相当した。

　農地改革によって，戦前期の農村における地主と小作人の対立は解消された。小作地率が急落し，自作農や自小作農が大幅に増加したので，農民の生産意欲が高まり，農業生産力が向上した。その結果，農家所得がふえ，農民の生活水準が上昇した。
　このように小作人は自作農となって高率小作料からは解放さ

3　民主的諸改革　27

れたが，農業の経営規模はいっそう零細となった。農家の大半が1町歩未満の零細な自作農となり，5反歩以下の農家が実数においても割合においても増加した。日本農業のいま一つの課題であった零細経営には手がつけられず，その後の兼業農家の増加や農家労働力の他産業への流出を引き起こす要因となった。

　なお，この過程で地主は従来の大きな経済力と社会的威信を失った。また，農地改革は1946（昭和21）年に再結成された日本農民組合（日農）を中心とする農民運動によって進められた。戦時期に設立された農業会*は解散させられ，農地改革によって生まれた自作農の農業経営を支援するため，1948（昭和23）年には農業協同組合（農協）が発足した。

> ＊農業会　第二次世界大戦中の1943（昭和18）年に発足した農業統制機関。産業組合，系統農会，その他の農業団体を一元的に統合し，市町村農業会，道府県農業会，全国農業経済会および中央農業会からなる。

労働改革

　ＧＨＱの労働政策は，低賃金構造にもとづく国内市場の狭さを解消して対外侵略の基盤を除去するという観点から，労働基本権の確立と労働組合結成の支援に向けられた。1945（昭和20）年12月には労働組合法が制定され，労働者の団結権や団体交渉権が保障された。日本社会党の結成や日本共産党の再建によって労働組合の結成が進み，労働争議の件数も急速にふえ，1945（昭和20）年末の労働組合の数は509，労働組合員数は約38万人，労働争議件数は95件にのぼった。

　労働争議の戦術としてはストライキが一般的であるが，敗戦直後の1945（昭和20）年10月から1946（昭和21）年5月にかけて，「生産管理闘争」とよばれる労働争議が多くみられた。企業再建のめどがたたず，経営者の生産復興にかける意欲が失われているなかでは，生産をやめるストライキでは経営者にダメージを

28　第1章　占領下の日本

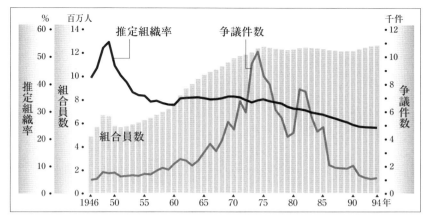

▲労働組合推定組織率・労働争議件数，労働組合員数の推移（『近現代日本経済史要覧』『労働白書』より）

あたえることにはならなかった。そこで，労働者が経営者を排除して，生産現場を管理するという戦術がとられたのである。生産管理闘争は，経営権の直接的な奪取ではなく，経営協議会の設置によって労働者が経営に参加し，経営の民主化をはかることを主要な目的としていた。

　1946（昭和21）年には労働組合の全国組織として，右派の日本労働組合総同盟（総同盟），左派の全日本産業別労働組合会議（産別会議）が結成された。同年9月には労働関係調整法が制定されて，中央と地方の労働委員会が労働争議の斡旋・調停・仲裁をおこなう方法が定められた。さらに日本国憲法制定後の1947（昭和22）年4月には労働基準法が制定され，労働者の保護が詳細に規定された。こうして労働三法が整い，戦前期にはまったくの無権利状態にあった労働者の地位が保障され，労働組合運動が進展した。教職員や国鉄労働者など官公庁労働者の組織化が進み，民間でも各企業を単位に労働組合が結成され（企業別組合），戦前には最高でも約40万人であった労働組合員数が，1948（昭和23）年には約660万人にものぼった。

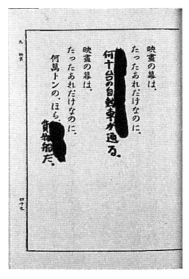

◀墨塗り教科書 子どもたちに，軍国主義的な表現を墨で塗りつぶさせた。写真では「何十台の戦車が通る」を「何十台の自動車が通る」に，「何万トンのほら軍艦だ」を「何万トンのほら貨物船だ」に直し，軍国主義的表現を変えている。(朝日新聞社「週刊朝日百科 日本の歴史」12)

教育改革

　教育制度の自由主義的な改革も，民主化政策の重要な柱であった。GHQは，1945(昭和20)年10月に軍国主義・超国家主義教育の禁止を指令し，同年12月には「修身」「日本歴史」「地理」の授業を中止させ，教科書を回収するという覚書を出した。文部省は，従来の国定教科書から内容を一新した『くにのあゆみ』『あたらしい憲法のはなし』などを刊行した。『くにのあゆみ』は，建国神話からではなく，考古学によって確認された事実から記述をはじめていたが，1947(昭和22)年から新学制にもとづく社会科となったので使用されなくなり，歴史では最後の国定教科書となった。

　また1946(昭和21)年5月には教職追放令が公布され，軍国主義的教育者と目された者が教壇を追われた。同年6月には「地理」，10月には「日本歴史」の授業再開が許可されたが，教科書が間にあわず，これまでの教科書の不適当と思われる記述を墨で塗りつぶして使用した。

　1946(昭和21)年3月にはアメリカの教育使節団が来日して，

▶**明治神宮の芝生広場で青空授業をうける生徒**(1946〈昭和21〉年3月15日) 空襲で多くの校舎が焼失した。明治神宮の芝生広場まで遠足して、青空授業を受ける鳩森小学校の児童。(毎日新聞社提供)

▶**中学校の教室** 近くの演芸場を間敷切りして教室を確保した。1948(昭和23)年、大田区にて。(毎日新聞社提供)

官僚統制を排除し、教育の機会均等の原則にのっとった、単線型の六・三制の学制にすべきであるという報告書を作成した。また、日本人の教職員は、教え子を戦場に送り出してしまったという反省のうえに、教育の民主化を訴えた。

新憲法制定後の1947(昭和22)年3月、教育基本法と学校教育法が公布された。教育基本法は、教育の基本を示した法律で、「個人の尊厳を重んじ、真理と平和を希求する人間の育成」、「普遍的にしてしかも個性ゆたかな文化の創造」という理念に貫かれていた。また、教育への不当な支配を排除し、教育行政は「教育の目的を遂行するに必要な諸条件の整備確立を目標」とするものでなければならないとした。なお、教育基本法の制定に

3 民主的諸改革　31

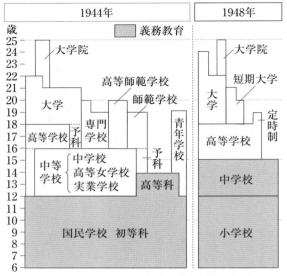

◀戦中・戦後の学制の比較

ともなって、教育勅語は国会での審議を経て失効となった。

また、都道府県や市町村ごとに公選による教育委員会が設けられ、教育行政の地方分権化がはかられた。しかし、中央官庁としての文部省はそのまま残り、教育に対する不当な支配の排除、教育への官僚統制の排除という点で徹底さを欠いていた。

学校教育法では、これまでの国民学校令、中学校令、大学令などを廃止し、六・三・三・四制にそった新たな学校教育のあり方が示された。新学制による小学校、中学校は1947（昭和22）年4月に発足したが、新たに義務教育となった中学校の校舎建設は財政難のため進まず、青空教室や小学校の校舎を借りての二部授業などの「不正常授業」が多くみられた。また、「1県1国立大学」が実現されて大学の数は大幅にふえ、女子学生も増加した。

1947（昭和22）年6月には、①教職員の経済的・社会的・政治的地位の確立、②教育の民主化と研究の自由の獲得、③平和と自由を愛する民主国家の建設をかかげて日本教職員組合（日教

▶無着成恭編学級文集『山びこ学校』の表紙（山形県上山市立図書館提供）

組）が結成され、約50万人の教職員が結集した。また、学校現場ではさまざまな教育実践が試みられ、コア・カリキュラム運動*、地域教育計画運動などが生まれた。とりわけ、山形県の山村で、貧困と封建的風習に抵抗して、農業経営の近代化・共同化、生活の民主化を進めようとして取り組んだ無着成恭の実践『やまびこ学校——山形県山元村中学校生徒の生活記録』は全国的に注目をあびた。

*コア・カリキュラム運動　生徒や児童の生活上の問題を解決するための学習をコア（核）とし、その周辺に基礎的な知識や技術を学習する課程を配したカリキュラム。アメリカで生まれ、日本には第二次世界大戦後に導入され、1948（昭和23）年にコア・カリキュラム連盟が結成された。

4 国民生活の混乱

「どん底」の生活

　敗戦後の国民生活は, まさに「どん底」であった。空襲で焼け出された人びとは, 防空壕や焼け跡に建てたトタン屋根のバラックで雨露をしのいでいた。鉱工業生産額は戦前の3分の1以下にまで落ち込み, 将兵の復員や引揚者で人口はふくれあがった。軍需工場が閉鎖されたこともあって, 町のなかには失業者があふれていた。

　敗戦の時点で海外にいた日本の軍隊は約310万人であったが, そのほかに約320万人の一般居留民がいた。財産を失った居留民と復員将兵からなる約630万人の日本人が, 日本国内に引き揚げることになった。とりわけ悲惨だったのは旧満州国の居留民で, 飢えと病気で死んだものも少なくなく, 残留孤児として残されたものもいた。ソ連に降伏した約60万人の軍人や居留民はシベリア収容所に移送され, 厳寒のなかで何年間も強制労働に従事させられ, 6万人以上の人命が失われた。ソ連からの引揚げはもっとも遅れ, 最終的には1956(昭和31)年ごろまでかかった。

　さらに1945(昭和20)年は記録的な凶作となり, 米の総収量は587万トンで, 1940(昭和15)～44(昭和19)年の年平均911万ト

◀焼け跡に建てられたバラック (1945〈昭和20〉年11月)　「バラック」とは英語で粗末な仮小屋をいう。1945年10月現在, 東京では60万世帯のうち, 9万世帯がバラック住まいであった。(毎日新聞社提供)

34　第1章　占領下の日本

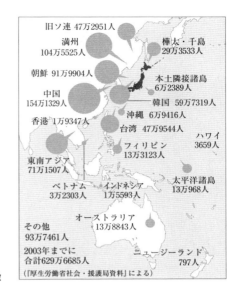

▶復員・引揚者の数

▲転覆した国鉄八高線の列車　1947(昭和22)年2月。八高線 東飯能〜高麗川間で後部4両が脱線した。(毎日新聞社提供)

ンと比べて3割以上も落ち込み、食糧不足が深刻な問題となった。米の配給が不足し、サツマイモやトウモロコシなどの代用食にかえられた。また配給の遅配・欠配が続き、都市の住民は農村への買出しや家庭での自給生産で飢えをしのいだ。東京から農村にのびる鉄道には買出し客が殺到し、国鉄八高線では列車が脱線して、多くの死傷者が出た。

4　国民生活の混乱　35

◀新宿の闇市
(1946〈昭和21〉年4月) 焼け跡などに露店が並び, 不法な「闇」取引がおこなわれた。(毎日新聞社提供)

　政府のきびしい経済統制は敗戦後もつづいたが, モノ不足が激しくなり, 公定価格・配給ルートを無視した不法な「闇」の取引がおこなわれた。都市住民の多くは手持ちの衣類などを売っては闇米を買い, かろうじて生活を支えていた。取締り当局がいかに強い弾圧を加えようとも, 人びとはみずからの生存を確保するために「闇」で生活物資を調達せざるをえなかったのである。1946(昭和21)年5月におこなわれた食糧メーデー(飯米獲得人民大会)には, 約25万人が参加した。1946(昭和21)年9月に生活保護法が公布され, 貧困で生活が困難な人びとへの公的扶助の制度ができたが, 多くの国民にはかかわりがなかった。

インフレの進行

　敗戦後の国民生活を苦しめたのは, ハイパー・インフレーションなどといわれる物価の高騰であった。極度のモノ不足に加えて, 終戦処理などで通貨が増発されたため, 猛烈なインフレーションが発生した。終戦直後に政府が多額の軍需補償を企業に支払ったこと, 戦時に預金を強制された国民が一斉に預金を引き出してモノにかえようとしたことなどのために通貨が膨張し, いちじるしいインフレーションが国民生活をおそった

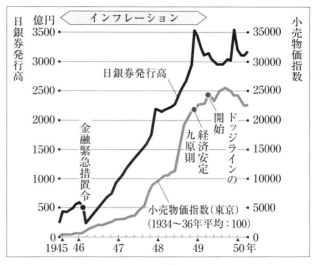

▲戦後の日銀券発行高と小売物価指数(『本邦経済統計』より)

のである。1945(昭和20)年から1949(昭和24)年にかけて，小売物価指数は79倍，卸売物価指数は60倍にもなった。

　このようにインフレーションが急激に進行したのは，物資の供給が落ち込む一方で，通貨供給が過剰になったからである。鉱工業生産指数は，戦前の1932(昭和7)～36(昭和11)年を100とすると，1945(昭和20)年には86.4，1946(昭和21)年には33.1と落ち込み，1947(昭和22)年には若干もち直すが40.2であった。これに対して，日本銀行券の発行高は1936(昭和11)～37(昭和12)年平均を100とすると，1945(昭和20)年には24，1946(昭和21)年には41.1であったが，1947(昭和22)年には109.6と膨張している。

　1946(昭和21)年2月，それまで流通していた日銀券(旧円)の使用を禁止して預金を金融機関に集中させ，その預金を封鎖して新しい日銀券(新円)による預金の引き出しを毎月一定額のみ認めるという方法で貨幣流通量を減らそうとしたが(金融緊急措置令)，効果は一時的であった。また，1946(昭和21)年3月には物価統制令*によって新たな公定価格の体系を示した

4　国民生活の混乱　37

◀新円への切り替え 1946(昭和21)年2月17日に金融緊急措置令が公布された。旧円の預金を封鎖し、新円を発行してインフレーションを収束させる政策であった。左は引換所で新円を受け取る人。上の百円札は太平洋戦争前に発行された旧円の紙幣で、新円の印刷がまにあわず、札の右上に新円証書をはって、流通させた。(左：毎日新聞社提供、上：日本銀行貨幣博物館提供)

(三・三物価体系)。しかし、その効果はあまりなく、政府は1947(昭和22)年7月に公定価格を引き上げて、闇価格との格差を縮小した。

> *物価統制令 第二次世界大戦後の物価高騰のなかで、物価を安定させて社会経済秩序の維持をはかることを目的に、1946(昭和21)年3月に公布された。戦時中の1939(昭和14)年に施行された価格等統制令にかわるものであった。

しかし、インフレーションを根本的に解決するには、生産の回復をはかるとともに、通貨収縮の措置をとる以外にはなかった。そのため、1946(昭和21)年8月にはＧＨＱの意向で経済安定本部が設置され、資材と資金を石炭・鉄鋼などの重要産業部門に集中させる傾斜生産方式が採用され、1947(昭和22)年1月には復興金融金庫(復金)を開設して電力・海運などをふくむ基幹産業への資金供給を開始した。

大衆運動の高揚

インフレーションによって生活が脅かされるなかで、労働運動が活発になり、生産管理闘争にかわってストライキが主な戦術となった。国鉄や船舶振興会が、復員軍人でふくれあがった

▶食糧メーデー 1946(昭和21)年5月19日、皇居前広場に約25万人の人びとが集まって、飯米獲得人民大会が開かれた。終戦の年の農業生産は戦前の6割台に落ち込み、翌47(昭和22)年は国民にとって「空腹の年」であり、各地に「米よこせデモ」が発生した。(毎日新聞社提供)

人員を整理するための解雇を発表してからは、解雇反対もストライキの理由となった。

公務員の給与はとてもインフレーションに追いつかなかった。そのため産別会議系の公務員の各組合は、1946(昭和21)年にゼネラル゠ストライキ(ゼネスト)で内閣を倒そうとした。産別会議傘下の民間労組もこれに呼応し、情勢は緊迫した。吉田茂首相は、1947(昭和22)年1月1日、ラジオ放送の年頭の辞で労働運動に参加する労働者を「不逞の輩」と非難したが、火に油をそそぐ結果となった。

1947(昭和22)年1月15日には産別に総同盟も参加して全国労働組合共同闘争委員会が結成され、18日に2月1日を期して約260万人の全官公庁労働組合員がゼネストに突入すると発表した。民間の組合もこれに同調し、空前の規模のゼネストが予測された。1月28日に皇居前広場で開催された吉田内閣打倒・危機突破国民大会には約30万人が集まり、ゼネストの機運が広がった。

このとき、マッカーサーは1947(昭和22)年1月31日、ストの前日に中止命令を出した。大きな高まりをみせながらも、GHQの指令一本で結局ストは中止となった。ストは中止されたものの、これは戦後労働運動の発展の大きな画期となった。しか

4 国民生活の混乱

し一方で，GHQの指令一つでスト中止に切りかえた産別会議や日本共産党への信頼は急激に薄れていった。

片山哲内閣の成立

1947(昭和22)年4月には，新憲法の施行を前に，都道長官・府県知事の選挙，市区町村長の選挙，参議院議員選挙，衆議院議員選挙，都道府県・市区町村会の議員選挙などがおこなわれた。都道府県の首長の選挙は，はじめての試みであった。そのため，知名度の高いそれまでの官選知事が27人も当選したが，一方では日本社会党党員の知事も4人誕生した。

国会議員の選挙では，衆参両院とも日本社会党が第1党となった。参議院の議席数は日本社会党47，日本自由党38，民主党30，国民協同党9，日本共産党4，諸派11，無所属111，衆議院は日本社会党143，日本自由党131，民主党124，国民協同党31，日本共産党4，諸派20，無所属13となり，単独で過半数を制する政党はなかった。そのため，日本社会党が党内右派の主導権のもとに，日本自由党，民主党，国民協同党との連立内閣を組織した。

◀第1党となった日本社会党　1947(昭和22)年4月の衆参両院選挙では，日本社会党が両院とも第1党となった。(毎日新聞社提供)

しかし政策協定では，日本社会党が保守各党に対して大幅に譲歩した。また，協定成立後，日本自由党は日本社会党が左派を切り捨てなければ入閣しないと，連立への参加を拒んだ。1947(昭和22)年5月23日，衆参両院ではじめての首相指名選挙がおこなわれ，日本社会党委員長の片山哲が選ばれた。片山はクリスチャンだったので，マッカーサーは，「歴史上実にはじめて日本はキリスト教徒である指導者に指導される」と，片山内閣の誕生を歓迎した。

　日本自由党が連立を拒んだので，片山内閣は日本社会党，民主党，国民協同党の3党連立内閣となった。民主党は，総裁の芦田均が外相として入閣したのをはじめ，大蔵，内務などの重要ポストを占め，日本社会党首班内閣ではあったが，労働者が期待したような社会主義的な政策を実施することは難しかった。片山内閣には，革新的な面と保守的な面が同居しており，中道政権とよばれた。

5 戦後の世相と文化

日常への復帰

　戦争は終わったが, 多くの国民は明日をどう生きればよいのか, 途方に暮れていた。敗戦直後の1945(昭和20)年8月17日, 戦時中にはもっぱら防空警報を伝えていたラジオから, 天気予報が流れてきた。国防上の秘密という理由で禁止されていたので, 3年8カ月ぶりの天気予報であった。

　夜の灯火管制もつづいていたが, 8月20日に解除され, 焼け跡の壕舎からも灯りがもれるようになった。人びとに日常がもどりつつあった。並木路子の歌う「リンゴの唄」(サトウハチロー作詞, 万城目正作曲)の明るいメロディーが流れたのは, そんなときであった。

　しかし, まだ多くの日本人は飢えていた。栄養失調が広がり, 発疹チフスが流行した。闇市と浮浪児とよばれた戦争孤児, パンパンガールとよばれた街娼が都市の風物となった。

　1945(昭和20)年9月には, 室戸台風(1934〈昭和9〉年)をはるかにしのぐ大暴風雨が日本列島をおそい, 1905(明治38)年以来の大凶作となった。翌年の1946(昭和21)年5月19日には, 皇居前広場で「食糧メーデー」(飯米獲得人民大会)がおこなわれ, 25

◀戦争孤児　クツみがきや露店の手伝いなどが戦争孤児の仕事となった。1946(昭和21)年。(毎日新聞社提供)

42　第1章　占領下の日本

万人が参加した。小学生がもつプラカードには「ボクタチハワタシタチハオナカガペコペコデス」と書かれていた。また，「証書，国体はゴジされたぞ，朕はタラフク食つてるぞ，ナンジ人民飢えて死ね，ギョメイギョジ」というプラカードもあり，警察に押収された。

浮浪児の問題も深刻であった。厚生省の調べでは，1948（昭和23）年2月1日現在，戦災孤児をふくめて浮浪者の数は全国で約12万3500人にのぼった。彼らは収容所から街頭に自由を求めて逃亡し，新聞売り，クツみがき，タバコ売り，鉄道の闇切符買いなどをし，はてはチャリンコ（子どものスリ），タカリの常習犯となった。

それでも，1946（昭和21）年1月に売り出されたたばこの銘柄は「ピース（平和）」と「コロナ（光環）」であった。暗い世相のなかに，わずかな光明を見い出そうというのであろうか。

占領下の文化

占領下の民主化政策のもとで，言論や文化の分野は活況を呈した。1945（昭和20）年末から1946（昭和21）年にかけて『世界』『展望』『潮流』などおびただしい数の総合雑誌が創刊され，『中央公論』や『改造』なども復刊された。『潮流』は，群馬県伊勢崎市の吉田庄蔵が，陸軍の用紙を取得して刊行した左翼系の総合雑誌であった。それら雑誌の誌上では自由や民主主義が熱っぽ

『展望』　　『世界』　　『思想の科学』

▲総合雑誌　『展望』は筑摩書房から，『世界』は岩波書店から，ともに1946（昭和21）年1月に発刊された総合雑誌である。『思想の科学』は1946（昭和21）年5月，武谷三男・武田清子・都留重人・鶴見和子・鶴見俊輔・丸山真男・渡辺慧の7人の同人により発刊。（日本近代文学館，思想の科学社提供）

▲**坂口安吾**(1906〜55) 太宰治らとともに無頼派の1人。代表作『堕落論』『白痴』(日本近代文学館提供)

▲**太宰 治**(1909〜48) 生活や人生の苦悩を訴える私小説を書く。『斜陽』は代表作。(日本近代文学館提供)

▲**大岡昇平**(1909〜88) フィリピンのミンドロ島の戦いから帰還。その体験が『俘虜記』となる。(朝日新聞社, 日本近代文学館提供)

▲**三島由紀夫**(1925〜70) 自伝的な『仮面の告白』が出世作。『潮騒』『金閣寺』などがある。(毎日新聞社, 日本近代文学館提供)

▲**野間 宏**(1915〜91) 『真空地帯』で日本軍の非人間性を活写した。(日本近代文学館提供)

く語られ, 都市や農村では青年会や文化会が生まれ, 活発な活動を展開した。

　映画や演劇も復活し, 外国映画も輸入されて上映館には長い行列ができた。文学でも戦争責任論や主体性論が盛んに議論され, 戦後派とよばれる新人がつぎつぎとあらわれた。音楽会や美術展も復活し, 「文化国家」が敗戦後の日本の国家目標となっ

た。

1946（昭和21）年には，『新日本文学』の創刊号を宮本百合子「播州平野」，徳永直「妻よねむれ」などがかざり，戦後の民主主義文学運動の出発を告げた。つづいて，翌1947（昭和27）年には坂口安吾が『堕落論』，太宰治が『斜陽』を発表した。その後，大岡昇平『俘虜記』，野間宏『暗い絵』『真空地帯』，埴谷雄高『死霊』，椎名麟三『深夜の酒宴』，梅崎春生『桜島』，武田泰淳『蝮のすゑ』なども発表され，戦前の左翼体験と戦争体験による政治的なものへの絶望から戦後に踏み出そうとする戦後派（アプレゲール）文学を形づくった。『近代文学』の同人である荒正人や平野謙らは文学者の戦争責任問題を提起するとともに，中野重治との間に政治と文学をめぐる論争を引き起こした。

歴史学の分野では，1946（昭和21）年1月に歴史学研究会が「各国君主制に関するシンポジウム」を開いて，天皇制の解明に取り組んだ。ついで，石母田正『中世的世界の形成』，藤間生大『日本古代国家』など，戦争中に営々とつづけられてきた研究の成果が刊行された。

天皇制に関するタブーが取りのぞかれ，長く抑圧されてきたマルクス主義が復活し，人文・社会科学分野の研究に新生面が開かれた。マルクス主義者は，戦前からの日本資本主義研究の成果の上に立って，侵略戦争の原因を説明した。非転向を貫いた徳田球一や志賀義雄らが釈放されると，侵略戦争に反対した唯一の政党として日本共産党への支持が高まり，亡命先の中国から帰国した野坂参三の歓迎会には約3万人が参集した。

日本共産党は，1945（昭和20）年10月に「人民に訴う」を発表し天皇制の打倒をよびかけた。高野岩三郎「囚われたる民衆」，羽仁五郎「天皇制の解明」なども，青年・知識人層に思想的影響をあたえたが，当時国民の8割は天皇制を支持していた。

丸山真男の政治学，大塚久雄の比較経済史学，川島武宜の法社会学などが論壇にあらわれ，西欧近代社会との比較によって日本社会の後進性を鋭く批判し，日本の近代のあり方が問われ

5 戦後の世相と文化 45

た。彼らの議論は，日本の社会科学の研究に新たな地平を開くものと受けとめられ，知識人・学生に大きな影響を及ぼした。

丸山は，荻生徂徠や福沢諭吉らを取りあげて，日本の政治思想史を研究してきたが，1946(昭和21)年5月に「超国家主義の論理と心理」という論文を『世界』に発表し，天皇制の問題点を政治権力と精神的権威を一元的に集中していた点に見い出し，それを支えてきた国民の意識のあり方が問われなければならないと論じた。

マックス・ウェーバー研究を基礎に，独自の比較経済史学を追及してきた大塚久雄は，「近代的人間類型の創出」(『大学新聞』1946年4月11日号)なる論文をあらわし，イギリスなど西欧諸国の民主化の歴史と比較しながら，日本では内面的尊厳を重んじるエートス(倫理)が未成熟なため，民主化を担う政治主体の確立が困難であると論じた。また，法社会学者の川島武宜は『中央公論』(1946年6月号)に「日本社会の家族的構成」なる論文を発表し，日本では法秩序や権力だけでなく，家族制度が権威によって人びとを服従させる機能をもったと論じた。

1946(昭和21)年5月には，鶴見俊輔，丸山真男，鶴見和子らによって雑誌『思想の科学』が創刊された。人びとの思想を経験

▲「リンゴの唄」の楽譜　(佐藤英世氏提供)

▲「青い山脈」のポスター
　　　　©1949 TOHO CO.,LTD

▶NHK素人のど自慢大会
1946(昭和21)年1月19日から、NHKラジオが「のど自慢素人音楽会」の放送をはじめた。戦後の文化開放を示すラジオ番組として、人気を博した。(読売新聞社提供)

科学的に研究するとし、学際的な討論や共同研究によって、つぎつぎと成果を発表した。

庶民の生活と娯楽

　その日の食べ物にもこと欠くようななかで、並木路子の「リンゴの唄」が愛唱され、人びとに希望と安らぎをあたえた。また、1947(昭和22)年に発表された石坂洋次郎の小説『青い山脈』を原作とする、同名の映画の主題歌(西条八十作詞、服部良一作曲)も戦後の日本人に愛された歌の1つであった。映画(今井正監督、原節子・池部良主演)が封切られたのは1949(昭和24)年7月であったが、藤山一郎と奈良光枝による主題歌はその3カ月前に発売され、封切のころには大ヒットとなった。また、ジャズに代表されるアメリカ音楽が流行し、笠置シヅ子の「東京ブギウギ」など一連のブギウギものが生まれた。

　敗戦の翌年、1946(昭和21)年1月にはNHKのラジオで「のど自慢素人音楽会」の放送がはじまった。鐘を鳴らして合格・不合格を判定するのであるが、そのときの反応がおもしろいと、人気を博した。同年5月からは、街頭で通行人にインタビューをする「街頭録音」という番組がはじまった。これも素人がラジオに出演するもので、民主化の1つのあらわれであった。

　敗戦と占領は、日本人の価値観を一変させ、これまでの禁欲

5　戦後の世相と文化　47

的な道徳は色あせ，性風俗が大きく変容した。松竹映画「はたちの青春」（佐々木康監督）や東宝映画「また逢う日まで」（今井正監督）ではキスシーンが話題となった。1946（昭和21）年10月には，仙花紙という統制規格外の粗末な紙を用い，カストリ雑誌とよばれた『猟奇』（茜書房）が創刊され，同誌の第2号に掲載された「H大佐夫人」がわいせつ文書頒布罪となった。

　性風俗の解放は，新宿や浅草の繁華街で額縁ショーやストリップショーをはやらせた。田村泰次郎の小説『肉体の門』は，敗戦後の街にたむろするパンパンとよばれた売春婦の生態をなまなましく描いて話題となり，1947（昭和22）年に劇団空気座が舞台で演じ，1948（昭和23）年には映画化された。

　戦時中自粛させられていたスポーツも復興した。1945（昭和20）年10月から11月にかけて，東京の神宮球場で東京六大学野球のOB戦や全早慶戦などがおこなわれた。乏しい用具をかき集めての試合であったが，全早慶戦には約4万5000人もの観客がおしよせた。同年11月にはプロ野球が再スタートし，東西対抗戦がおこなわれた。青バットの大下弘，赤バットの川上哲治らが人気を集めた。

　大相撲は1945（昭和20）年11月16日から10日間，砲弾を受けて雨漏りのする両国国技館で秋場所を開催した。力士はやせ細り，なかには坊主頭で髷を結えないものもいたが，連日満員の盛況であった。しかし，両国国技館はGHQに接収され，明治神宮外苑や浜町公園などの野外の土俵や蔵前の仮設国技館での興行を余儀なくされた。69連勝を記録した昭和の大横綱双葉山の引退もあって，大相撲人気はその後しばらくの間低迷した。

第2章 冷戦と講和

1 占領政策の転換

東西両陣営の対立

　米ソ両国は，第二次世界大戦末期から戦後世界の指導権をめ
ぐって対立を深めていた。アメリカは，国際通貨基金（ＩＭＦ）
や世界銀行の創設，ＧＡＴＴ（関税及び貿易に関する一般協定）
の締結などによって，ドルを基軸通貨とする固定為替相場制と
自由貿易体制のもとで，世界経済の再建をはかる枠組みを構築
した。一方，ソ連はドイツ敗退後の東ヨーロッパへの影響力を
強めていた。1947年9月にはコミンフォルム（共産党・労働者
党情報局）が結成され，共産主義体制を樹立した東欧諸国では，
ソ連の「衛星国」化が進行しつつあった。

　米ソ協調をかかげていたローズヴェルトの死後，アメリカの
大統領となったトルーマンは，いわゆる封じ込め政策（トルー
マン゠ドクトリン）をかかげて，世界的な規模での反ソ・反共
政策を提唱し，1947年5月，ギリシア・トルコの自由主義勢力
に対し4億ドルの軍事・経済援助をおこなった。これを契機に，
アメリカの勢力が地中海や中東地域に広がり，ヨーロッパにお
ける米ソの対立が決定的となった。

　さらに1947年6月，アメリカの国務長官マーシャルは，アメ
リカの経済援助によるヨーロッパ復興計画（マーシャル゠プラ
ン）を発表した。マーシャル゠プランは，西欧諸国の戦後復興
には一定の役割を果たしたが，ソ連や東欧諸国が参加しなかっ

1　占領政策の転換　49

たため，ヨーロッパの東西分断を加速することになった。アメリカがイギリスにかわる資本主義世界のリーダーとなり，ソ連と共産主義への対決姿勢を強く打ち出したのである。

こうしてアメリカを盟主とする西側（資本主義・自由主義陣営）と，ソ連を盟主とする東側（社会主義・共産主義陣営）が形成された。アメリカは，1949年4月，西側11カ国とともに集団的安全保障のための北大西洋条約機構（ＮＡＴＯ）を結成した。ソ連と東側諸国は，コミンフォルムやＣＯＭＥＣＯＮ（経済相互援助会議）を結成していたが，ドイツが東西に分裂し，西ドイツがＮＡＴＯに加盟すると，1955年に東ドイツを加えて，共同防衛組織であるワルシャワ条約機構を結成した。

ソ連は，アメリカにつづいて1949年に核武装に成功した。米ソ両国は，その後も「核抑止論」の考え方にもとづいて核実験を繰り返し，大陸間弾道弾（ＩＣＢＭ）など核兵器の保有量と高性能化を競いあった。米ソを盟主とする東西両陣営は軍事的に対峙し，勢力範囲の確定や軍備・経済力・イデオロギーなど，あらゆる面で激しい競争を展開した。この東西両陣営の対立を「冷たい戦争」（「冷戦」）とよぶ。国連中心の国際安全保障への信頼感は，早くも動揺をきたしたといえる。

東アジアの情勢

東アジアの情勢も激しく動いていた。朝鮮半島に朝鮮民族による統一政権を樹立しようとする動きは，米ソ両国の対立によって妨げられた。アメリカは，ソ連と交渉して朝鮮半島全土を支配しようとしたが，それが不可能と判断すると南半部に分断政権をつくるという方策に転換し，1948年8月に李承晩を大統領とする大韓民国（韓国）の樹立を宣言した。北朝鮮でも1948年9月に朝鮮民主主義人民共和国の樹立が宣言され，金日成が首相に就任した。こうして朝鮮半島には，北緯38度線を境に同一民族による2つの国家が誕生した。

中国では，日本の降伏後，各地で国民党政府軍と中国共産党

▶中華人民共和国の成立を宣言する毛沢東主席(1949年，共同通信社提供)

軍の交戦がつづいていた。国共両軍の交戦は内戦へと発展し，当初はアメリカ軍の援助を受け，装備に優れた国民党政府軍が優勢で，1947年3月に中国共産党軍の本拠地であった延安を占領した。しかし，中国共産党軍は同年7月7日に七・七宣言を発表し，民主連合政府の樹立と土地改革の実施を訴え，大衆の支持をえた。中国共産党軍は反撃に転じ，同年中には東北・華北の大部分を支配下においた。

　中国共産党は，アメリカに支援された国民党との内戦に勝利し，1949年10月，毛沢東を主席とする中華人民共和国を樹立した。翌1950年2月には中ソ友好同盟相互援助条約が成立し，新中国は東側陣営に加わった。一方，国民党は台湾に逃れ，蔣介石を総統とする中華民国政府を存続させた。

対日政策の転換

　東アジア情勢の変化は，アメリカの極東戦略を大きくかえた。当初アメリカは，中国を同盟国として強化し，極東における反ソ陣営の中核に育てようと考えていた。そして，日本に対してはふたたびアメリカの脅威にならないよう，民主化と非軍事化を徹底させ，弱体化させようと考えていた。

　アメリカの構想は，国民党政府軍の崩壊によってもろくもく

ロイヤル陸軍長官演説[1]　「日本を全体主義の防壁へ」

　1．日本の降伏直後闡明されたアメリカの政策の目的の背後にある考えは，将来の日本の侵略防止――非武装化による直接の防止と，再び侵略戦争の精神を発展せしめることのないような性質の政府を樹立することによる間接の防止であった。……

　2．爾来世界の政治と経済に，国防上の諸問題と人道的考えに新たな事情が生じた。アメリカの今後の方針を決定するに当って，いまやこれらの変化を十分考慮にいれなければならない。

　3．占領の政策面における責任を分担する陸軍省および国務省は，政治的安定の維持と将来とも自由な政局を継承せしめるために，健全にして自立的な経済がなければならぬことを知っている。アメリカは占領地域に対する救済資金に年々数億ドルの負担をいつまでも継続できず，被占領国が自国の生産と輸出品をもっておのが必要とするものに支払い得るときはじめてかかる援助を後顧の憂いなく停止しうる。

　4．……アメリカは日本に十分自立しうる程度に強力にして安定せると同時に，今後東亜に生ずるかも知れぬ新たな全体主義的戦争の脅威に対する妨害物の役目を果しうる自足的民主主義を確立する目的を有している。　　　（時事年鑑）

[1]1948（昭和23）年1月6日，サンフランシスコでの演説。大統領はトルーマン。

ずれさった。そこで，中国ではなく日本をアジアの同盟国として見直し，共産主義への新たな防壁にしようとした。アメリカ陸軍長官ロイヤルは，1948（昭和23）年1月，アメリカの対日政策の転換を示唆し，非軍事化をあまり進めると，日本の経済自立の妨げになると主張した。

　アメリカ国務省のジョージ・ケナンは，1948（昭和23）年3月に来日し，占領政策の転換，公職追放の緩和・中止，占領軍経費の縮小，賠償の漸次中止，日本の警察力の強化などの必要性を，アメリカ政府に報告した。GHQも，非軍事化・民主化という占領当初の目的は達成されたとし，これまでの政策を改め経済復興を求めるようになった。

　日本の諸外国に対する賠償は軽減され，過度経済力集中排除法にもとづく企業分割は大幅に緩和された。1948（昭和23）年7月にはGHQの指令で政令201号を公布し，国家公務員法が改正され，運動の中核を担っていた官公庁労働者は争議権を失

った。翌1949(昭和24)年以降は，公職追放の解除が進められた。

　アメリカの対日政策の変化は，沖縄の命運にも大きな影響を
もたらした。中国大陸を失ったアメリカは，極東における防衛
の第一線として沖縄の重要性をあらためて認識し，これを永久
的な軍事基地として確保することにしたのである。

　1949(昭和24)年10月に中華人民共和国が成立すると，アメリ
カは沖縄に大規模な陸軍・空軍の基地を建設することを決定し
た。1950(昭和25)年1月には，アチソン国務長官が，アメリカ
の極東における防衛線はアリューシャン列島から日本を経て沖
縄・フィリピンに及ぶと述べ，同年2月には沖縄で兵舎，飛行
場，格納庫，倉庫などの建設工事に着手した。

2　インフレの抑制と経済安定9原則

外資導入と経済安定策

　片山哲内閣が総辞職したのちの首相指名選挙は，衆議院では民主党総裁の芦田均，参議院では日本自由党総裁の吉田茂が1位となった。両院協議会でも双方譲らず，衆議院の議決が優先するという憲法の規定にしたがって芦田が首班となり，1948（昭和23）年3月に組閣した。芦田内閣は，日本社会党，民主党，国民協同党の3党連立内閣で，日本社会党右派の西尾末広を副総理にすえた。芦田内閣は，経済再建をはかるには，対外信用を回復して外資を導入しなければならないと考え，そのためには労働運動を抑え込み，安定した社会秩序を保つことが必要であるとした。日本社会党の西尾を副総理にしたのは，そのためであった。

　芦田内閣が誕生すると財界は活気づき，経済団体連合会（経団連）は，1948（昭和23）年3月，第2回総会で初代会長に石川一郎を選出して活動を強化した。また，経営者団体連合会は1948（昭和23）年4月に日本経営者団体連盟（日経連）と改称し，労働運動に対する対決姿勢を鮮明にした。

　こうしたなかで，労働運動に対する攻撃が強まった。1948（昭和23）年3月，全逓信労働組合（全逓）を中心とする全官公庁労働組合連絡協議会が，内閣の決めた賃金ベースは実情にあわないとして大規模なストを計画すると，GHQはスト禁止を指令し，違反した労働者を逮捕したりした。そして1948（昭和23）年7月，マッカーサーは芦田首相に書簡を送り，国家公務員の労働基本権の制限を指令した（マッカーサー書簡）。政府は，これにもとづいて7月31日に政令201号を出して，公務員の団体交渉権と争議権を否認した。

　また，東宝争議にみられるように，資本家側も強硬となった。東宝は，2つの「赤」（赤字と日本共産党）を追放するとして組合

54　第2章　冷戦と講和

▶東宝争議　1948(昭和23)年8月19日。(共同通信社提供)

員を解雇し，東京砧の撮影所にたてこもっていた組合員を，アメリカ軍の戦車や飛行機を使って強制退去させた。

　芦田内閣は，労働攻勢を強めるとともに，税金の面などで資本優遇措置をとった。GHQも独占禁止法を緩和し，1948(昭和23)年5月から過度経済力集中排除法によって分割することになっていた企業の指定を解除した。

　一方で芦田内閣は，深刻なインフレーションを克服しなければならなかった。戦時期からいちじるしいインフレーションが進行していたが，戦後も物価の騰貴率が日銀券の増加率を上まわるという現象がつづいていた。同内閣は，賃金の安定や徴税の強化などをふくむ「経済安定のための十原則」を閣議決定し，国民に犠牲を強いながら資本優位の経済安定をはかろうとした。

　芦田内閣の経済再建策は勤労大衆の不満をかい，財界も経済復興の目鼻がつくと，同内閣に見切りをつけるようになった。こうしたなかで，昭和電工事件がおこり，前農林次官の重政誠之，大蔵省主計局長の福田赳夫，前日本自由党幹事長の大野伴睦，前蔵相で経済安定本部長官の栗栖赳夫，前副総理の西尾末広ら，政官界の大物がつぎつぎと逮捕された。日本社会党は，西尾が逮捕されると内閣総辞職を要求し，芦田内閣は1948(昭和23)年10月に総辞職した。

経済安定9原則とドッジライン

　芦田均内閣が総辞職すると，野党第一党の民主自由党が政権を獲得し，1948(昭和23)年10月に第2次吉田茂内閣が発足した。同内閣も占領政策の転換に歩調をあわせ，労働運動をおさえこみ，政治的安定と経済復興をめざした。

　1948(昭和23)年11月，政令201号を法制化するため，官公庁労働者の抵抗や日本社会党，日本共産党の反対を押し切って国家公務員法を改正し，公務員の争議行為と政治活動を禁止し，団体交渉権を制限するかわりに，給与については内閣に人事院をおいて勧告させるようにした。また，同年12月には公共企業体等労働関係法を成立させた。翌1949(昭和24)年6月に国鉄や専売公社など公共企業体の設立が予定されていたので，公共企業体職員の団体交渉権については認めたものの，罷業権を禁止したのである。

　第2次吉田内閣は少数与党だったので，予定の議事が片づくと野党が提出した不信任案が可決され，衆議院は解散となった(「なれあい解散」)。総選挙は1949(昭和24)年1月に実施され，民主自由党が264議席を獲得して圧勝した。民主党，日本社会党，国民協同党の中道三党は議席を大幅に減らしたが，日本共産党は躍進し35議席を獲得した。また，佐藤栄作や池田勇人ら，高級官僚出身の政治家が誕生し，政策の立案と実施を担うようになり，保守政党，高級官僚，財界の三者を結びつける太いパイプが生まれた。

　選挙後の特別国会で吉田茂が首班に指名され，1949(昭和24)年2月，第3次吉田内閣が成立した。第2次吉田内閣が解散する直前の1948(昭和23)年12月，マッカーサーは本国からの命令であるとして，日本政府に対して経済安定9原則の遵守を指示していた。それは，インフレーションを克服して通貨を安定させ，単一為替レートを設定して輸出を促進し，日本経済を自立させようとするものであった。具体的には，①総合予算の均衡，②収税の強化，③融資の重要企業への限定，④賃金の安定，

経済安定九原則指令[1]

　今回の経済復興計画がとくに目ざすところは，
(1)極力経費の節減をはかり，また必要であり，かつ適当なりと考えられる手段を最大限度に講じて真に総予算の均衡をはかること。
(2)徴税計画を促進強化し，脱税者に対する刑事訴追を迅速広範囲かつ強力に行うこと。
(3)信用の拡張は日本の経済復興に寄与するための計画に対するほかは厳重制限されていることを保証すること[2]。
(4)賃金安定実現のため効果的な計画を立てること。
(5)現在の物価統制を強化し，必要の場合はその範囲を拡張すること。
(6)外国貿易統制事務を改善し，また現在の外国為替統制を強化し，これらの機能を日本側機関に引継いで差支えなきにいたるように意を用いること。
(7)とくに出来るだけ輸出を増加する見地より現在の資材割当配給制度を一そう効果的に行うこと。
(8)一切の重要国産原料，および製品の増産をはかること。
(9)食糧集荷計画を一そう効果的に行うこと。
　以上の計画は単一為替レートの設定[3]を早期に実現させる途を開くためにはぜひとも実施されねばならぬものである。　　　　　　　　（朝日新聞）
[1]1948（昭和23）年12月18日，ＧＨＱの特別発表による指令。第2次吉田内閣。1948（昭和23）年12月19日の記事。　[2]金融機関貸出しは経済復興に役立つものだけに制限する。
[3]ドッジラインにより1949（昭和24）年4月，1ドル＝360円とされた。

　⑤統制の強化，⑥為替管理の強化，⑦資材割り当てや配給による輸出の振興，⑧原料，工業製品の増産，⑨食糧供出の比率向上の9原則からなり，経済自立の前提として徹底的なデフレーション政策の実施を求めたのであった。組閣にあたって，吉田首相は経済安定9原則を忠実に実行すると表明した。

　1949（昭和24）年2月，デトロイト銀行頭取のドッジが来日し，大蔵省の膨張予算を修正させ，租税収入の範囲内に財政支出をおさえる，徹底した均衡予算を編成させた（ドッジライン）。ドッジは，3月7日に声明を発表し，日本経済は竹馬に乗っているようなもので，片足をアメリカからの経済援助，もう一方の足を政府補助金に乗せている。竹馬の足を高くしすぎると，転んで首の骨を折る危険があると警告した。そして，4月23日，みずからの任務の仕上げとして，為替レートを1ドル＝360円

2　インフレの抑制と経済安定9原則　57

◀ドッジの来日(1949〈昭和24〉年2月) 「日本経済は、アメリカの経済援助と日本政府の補助金という二本の足に乗った竹馬」であるといって、日本経済の自立を促した。(朝日新聞社提供)

一ドル三百六十圓 総司令部指令 あすから実施

◀1ドル＝360円の単一為替レートを伝える新聞記事 (朝日新聞, 1949〈昭和24〉年4月23日号外) 1ドル＝360円は経済発展に絶妙の設定だった。

とすると発表した。

　一方, 徴税に関しては, 1949(昭和24)年5月に, コロンビア大学の教授で財政学者のシャウプを団長とする税制調査団が来日し, 直接税中心主義の税制勧告案をまとめた。公平な税制を標榜していたが, 徴税の厳格な実行により給与所得者に負担を強いるものとなった。

　ドッジラインは, 賃上げの抑制, 行政整理と合理化による人員整理をともなって実行された。人員整理は官公庁から民間まで広範にわたっていたが, 1949(昭和24)年5月には官公庁職員約26万人の人員整理を目的とする行政機関職員定員法＊が成立した。

▲職業安定所の周りに集まった失業者(1949〈昭和24〉年6月, 東京) ドッジ不況で企業の倒産があいつぎ, 大量の失業者を生み出した。(毎日新聞社提供)

▲中小企業危機突破国民大会(1950〈昭和25〉年3月, 東京) ドッジ不況下におけるデフレーションによって, 国内は恐慌状態となった。とくに, 中小企業の状況は悲惨であった。(朝日新聞社提供)

＊**行政機関職員定員法** 総理府，法務府，各省，経済安定本部およびこれらの外局別に一般職国家公務員の総数を定めた法律で，1949(昭和24)年に公布・施行された。附則で定員をこえる職員の整理を定めている。

人員整理の対象として矢面に立ったのは国鉄で，ただちに職員約9万5000人の人員整理に着手した。国鉄労働組合(国労)は，ストライキをふくむ実力行使で戦う姿勢をみせたが，国鉄当局は1949(昭和24)年7月4日に第1次整理約3万700人を発表した。その翌日，初代国鉄総裁下山定則が行方不明となり，6日に常磐線の綾瀬駅付近で轢死体となって発見された(下山事件)。つづいて7月12日に国鉄の第2次整理約6万3000人が発表されると，今度は7月15日に中央線三鷹駅で無人電車が暴走し，6人が死亡するという事件がおこった(三鷹事件)。警察は，国鉄を解雇された労働組合員を容疑者として逮捕したが，のちに無罪となった。

また，8月17日には東北本線松川駅(福島県)の近くで列車が転覆し，乗務員3人が死亡するという事件がおこった(松川事件)。近くには民間でもっとも強力な企業整備反対闘争を展開していた東芝松川工場があった。警察は国鉄と東芝の日本共産

▲**下山事件** 1949(昭和24)年7月5日，国鉄総裁下山定則が行方不明となり，翌日，常磐線で轢死体となって発見された。政府は他殺説をとり，大量の人員整理に反対する国鉄労組を弾圧した。(毎日新聞社提供)

▲**三鷹事件** 1949(昭和24)年7月15日夜，東京の中央線三鷹駅で，車庫から無人電車が暴走し，民家まで飛び込んだ。国鉄労組らによるものとされた。(毎日新聞社提供)

2 インフレの抑制と経済安定9原則 59

◀松川事件　1949（昭和24）年8月17日、東北本線松川駅（福島県）付近で列車の転覆事件が起きた。日本共産党員や労働組合員らが逮捕されたが、1963（昭和38）年に全員無罪を勝ちとった。小説家の広津和郎らが支援した。（毎日新聞社提供）

党員を主とする組合員をつぎつぎと逮捕し、20人を起訴した。1950（昭和25）年に死刑をふくむ有罪判決がくだったが、長い裁判の末、1963（昭和38）年に最高裁の最上告審で全員無罪となった。

　しかし、この事件の影響で、国鉄の解雇反対闘争も、東芝労連の企業整備反対闘争も敗北を喫することになった。社会運動や労働運動をおさえるための法体系の整備が急がれ、1949（昭和24）年4月には、日本共産党や左翼団体を対象とする団体等規正令が制定された。

3　朝鮮戦争と戦後復興

朝鮮戦争と警察予備隊の創設

　1950(昭和25)年6月25日，朝鮮半島の北緯38度線で戦闘が開始された。38度線の南半部に成立した大韓民国(韓国)は，政情が不安定なうえに財政危機もつづいていた。李承晩政権は，国内の危機を北への武力挑発で解消しようとし，武力による北進をとなえていた。一方，北半部の朝鮮民主主義人民共和国(北朝鮮)は，ソ連軍の援助で軍備を整え，南の政情不安に乗じて一挙に武力による南北朝鮮の統一をはかろうと画策していた。朝鮮戦争は，南北双方の思惑によって開始された内戦であった。

　戦闘がはじまると，かねてから南進の体制を整えていた北朝鮮軍は，38度線をこえて進撃し3日後の28日にはソウルを陥落させた。南北朝鮮の軍事力の格差は歴然としていたのである。金日成首相は開戦翌日の放送で，朝鮮戦争を解放と統一のための戦争と位置づけた。

　アメリカは，1950(昭和25)年6月30日にマッカーサー指揮下の地上軍を朝鮮半島に派遣することを決定し，ただちに国連の安全保障理事会の開催を求めた。ソ連は中華人民共和国を承認し，国連に中華民国政府が中国代表として出席しているのに抗議して，会議をボイコットしていた。そのためソ連が欠席したまま7月7日に会議が開かれ，北朝鮮を侵略者と断定し，国連軍による軍事制裁を加えることとなった。国連は，アメリカの意のままになっており，アメリカは中国の共産化に危機感をもっていたので，躊躇することなく介入に踏み切った。

　朝鮮戦争では，沖縄をふくむ日本の在日アメリカ軍基地が，出撃・兵站・補給基地として活用された。また，海上保安庁に対しては，1950(昭和25)年10月から12月にかけての元山上陸作戦のため，ソ連製機雷の掃海への協力命令が出され，46隻の日本の掃海艇と1200人の日本人が動員され，相当数の日本人が

武器弾薬などの積載，運送，警備などに従事した。このように日本は，直接，間接にアメリカの側に立って朝鮮戦争に参加し，死者52人，負傷者349人を出した。

　当初は，北朝鮮軍が優勢であった。アメリカ軍が参戦すればすぐに片づくと思われていたが，事態は逆で，在日アメリカ軍を根こそぎ朝鮮戦争に投入しなければならなくなった。アメリカ軍は増援部隊の到着をまって仁川に上陸し，北朝鮮軍を撃退してソウルを奪回し，10月には38度線をこえて鴨緑江にせまった。しかし，中国義勇軍が北朝鮮側に参戦すると，1951年1月にアメリカ軍は38度線以南まで撤退し，ソウルを奪われた。

　しかし，その後増援をえるとアメリカ軍は1951年3月，ふたたびソウルを奪回し，戦線は38度線付近で一進一退をつづけた。国連軍の総司令官マッカーサーは，戦局のゆきづまりを打開するため，中国東北地方の爆撃を主張したが，1951年4月，戦争の拡大をおそれるアメリカのトルーマン大統領によって，突然に解任された。1951(昭和26)年7月から停戦交渉がはじまり，1953(昭和28)年7月に板門店で休戦協定に調印がなされた。

　朝鮮戦争が勃発した直後の1950(昭和25)年7月，マッカーサーは吉田茂首相に7万5000人の「国家警察予備隊」の創設と，海上保安庁要員8000人の増員を指令した。朝鮮半島に出動したアメリカ軍にかわって，日本を警備させるのが目的であった。戦争放棄と軍備の不保持を宣言した日本国憲法の制定からわずか3年余で，日本に武装放棄を命じたアメリカが再軍備を命令してきたのである。日本の再軍備は，ここからスタートした。

　警察予備隊の隊員は，アメリカ軍の兵舎に入り，アメリカ軍から訓練を受けた。その任務は，アメリカ軍の補助部隊となって，国内の治安確保にあたることであった。このころ，戦争犯罪人の釈放や旧軍人の公職追放の解除が進められていたが，こうした旧軍人の多くが警察予備隊の幹部に採用された。

▶警察予備隊の発足
1950（昭和25）年6月の朝鮮戦争勃発にともない、マッカーサーの指示で8月に警察予備隊令が公布され、設置された。定員7万5000人。1952（昭和27）年に保安隊と改組され、やがて自衛隊となった。写真は、発足して最初の新入隊員の朝礼の様子。（毎日新聞社提供）

片面講和と日米安保条約

　朝鮮戦争で日本の戦略的価値を再認識したアメリカは、占領終結後には日本を西側陣営に編入しようと考えるようになった。アメリカのダレス外交顧問らは、対日講和からソ連などを除外し（単独講和）、講和後もアメリカ軍が日本に駐留できることを条件に準備を進めた。日本国内では、南原繁、大内兵衛らの知識人や日本社会党、日本共産党、日本労働組合総評議会（総評）などが全面講和の論陣を張り、アメリカとの単独講和に反対したが、財界や保守政党、とくに自由党の吉田内閣はアメリカとの講和に積極的であった。基地提供の見返りに安全保障をアメリカに依存し、再軍備の負担を回避して経済復興を実現する道を選んだのである。

　1951（昭和26）年9月、アメリカ西海岸のサンフランシスコで講和会議が開かれ、日本とアメリカをはじめ連合国48カ国との間に平和条約が調印された。連合国の足並みは必ずしもそろわず、ソ連、ポーランド、チェコスロバキアの社会主義国は講和会議には出席したが調印しなかった。ユーゴスラビアと非同盟の立場をとっていたインド、賠償問題を重視していたビルマ（現、ミャンマー）は、講和会議への出席を拒否した。日本の侵略の最大の犠牲者であった中国に関しては、中華人民共和国と中華民国（台湾）のどちらをよぶかでイギリスとアメリカが対立し、両者とも招請されなかった。イギリスは中華人民共和国

サンフランシスコ平和条約

第三条　日本国は，北緯二十九度以南の南西諸島（琉球諸島……を含む。），孀婦岩の南の南方諸島（小笠原群島……を含む。）並びに沖の鳥島及び南鳥島を合衆国を唯一の施政権者とする信託統治制度の下におくこととする国際連合に対する合衆国のいかなる提案にも同意する。

第六条（a）　連合国のすべての占領軍は，この条約の効力発生の後なるべくすみやかに……日本国から撤退しなければならない。但し，この規定は……協定に基く……外国軍隊の日本国の領域における駐とん又は駐留を妨げるものではない。

（『条約集』）

を承認していたが，アメリカは朝鮮半島で中華人民共和国の義勇軍と敵対していたからである。

　日本は，その後1952（昭和27）年4月に中華民国と日華平和条約を結び，同年6月にインド，1954（昭和29）年11月にはビルマとも平和条約を結んだ。しかし，中華人民共和国，朝鮮民主主義人民共和国（北朝鮮），ベトナム民主共和国（北ベトナム）との国交樹立は遠のき，韓国とは長年の植民地支配にかかわる諸問題の解決がネックとなって，国交樹立は1965（昭和40）年の日韓基本条約の締結時にまでずれ込んだ。

　サンフランシスコ平和条約では，日本が交戦国の戦争被害に対して賠償を支払う義務を定めたが，冷戦が激化するにつれて，アメリカをはじめ多くの国が賠償請求権を放棄した。アメリカは，日本を東アジアにおける同盟国として重視するようになり，「寛大な講和」を準備しはじめたのである。

　これに対し，日本軍によって占領されたフィリピン，インドネシア，ビルマ，南ベトナムの東南アジア4カ国は日本と賠償協定を結び，日本政府は1976（昭和51）年までに総額約10億ドルの賠償金を支払った。その支払いは，現金ではなく建設工事などのサービスや生産物の提供という形をとったため，日本の商品や企業の東南アジアへの進出の重要な足がかりとなった。また，非交戦国のタイや韓国に対しても，賠償に準ずる支払いをおこなった。このように，日本の賠償は国家の復興と経済建設

▲講和会議で演説する吉田首相(左) 演説草稿を記した巻紙は、当時、現地の新聞でトイレットペーパーとあらわされた。(毎日新聞社提供)

▲駐米日本大使館にかかげられる日章旗 写真は、サンフランシスコ平和条約の発効により、大使館のバルコニーに11年ぶりに日章旗をかかげる大使館員。(毎日新聞社提供)

に充当され、日本の重化学工業の発展に新市場を提供することになったが、戦争中に実際に損害を受けた被害者の補償には向わなかった。それが、のちに従軍慰安婦問題などを引き起こす要因になった。

　サンフランシスコ平和条約は1952(昭和27)年4月に発効した。ここに6年余りに及んだ占領は終結し、日本は独立国家としての主権を回復した。しかし平和条約は、「独立」後の日本を、政治的・軍事的にアメリカに従属させるものであった。第6条では、条約発効後90日以内に連合国のすべての占領軍は日本から撤退しなければならないとしているが、これには「この規定は、一又は二以上の連合国を一方とし、日本国を他方として双方の間に締結された若しくは締結される二国間若しくは多数国間の協定に基く、又はその結果としての外国軍隊の日本国の領域における駐とん又は駐留を妨げるものではない」という但し書きが付されていた。平和条約発効後、90日以内に連合国の占領軍は日本から撤退しなければならないが、日本と条約を締結した場合には引きつづき軍隊を日本に駐留させることができるというのである。そして、この但し書きを受けて締結されたのが日

3　朝鮮戦争と戦後復興　65

米安全保障条約(安保条約)であった。

　安保条約は，日本に対する武力攻撃を阻止するため，日本が
アメリカにアメリカ軍の駐留を要請し，アメリカがそれにこた
えるという論理で構成されている。しかし実際には，アメリカ
は基地の提供を受けながらも，日本の安全に対する義務を負わ
ないという片務的なものであった。アメリカ軍は，①極東の平
和と安全の維持に必要な場合，②日本政府が内乱や騒擾の鎮
圧を要請した場合，③日本が外部から武力攻撃を受けた場合に
は出動することができるが，必ずしも出動の義務を負っていた
わけではなかった。それどころか，アメリカ軍の行動範囲を示
す「極東」の概念がきわめてあいまいで，むしろ日本の基地が
攻撃対象にされるのではないかという危惧があった。安保条約
にもとづいて，1952(昭和27)年２月に日米行政協定が締結され，
日本は駐留軍に基地を提供し，駐留費用を分担することになっ
た。

　平和条約と安保条約の批准に関しては，1951(昭和26)年10
月の第12臨時国会で審議された。与党の自由党は284議席の絶
対多数を獲得していたので，批准そのものが否決されることは
なかったが，日本社会党は平和条約の可否をめぐって意見が割
れ，左右両派に分裂した。左派は，平和条約，安保条約ともに
反対であったが，右派や中間派は安保条約には反対であるが，
平和条約そのものには賛成するというものが多く，日本社会党
は結党６年目で左右両派に分裂することになった。

　平和条約と安保条約が発効となった1952(昭和27)年４月28日，
日本は台湾の中華民国政府(国民政府)と日華平和条約を締結し
た。1949年10月に中華人民共和国が成立し，中国本土を実効支
配していたが，日本はアメリカの意向にそって，実効支配とい
う点では一地方政権にすぎない台湾政権を中国の正統な政権と
して認知し，平和条約を締結したのである。そのことによって，
中華人民共和国とは1972(昭和47)年９月の国交正常化にいたる
まで，法的には戦争状態がつづくことになった。

66　第2章　冷戦と講和

▶血のメーデー事件
サンフランシスコ平和条約が発効した3日後の第23回メーデーの中央式典には、賃金引上げと並んで、破防法反対・再軍備反対のプラカードが乱立し、デモ隊の一部が警官隊の制止をおし切って皇居前広場におしかけ、流血の惨事となった。(毎日新聞社提供)

独立回復後の「逆コース」

　1952(昭和27)年にサンフランシスコ平和条約が発効すると、それまでGHQの指令で制定された多数の法令は失効となった。1952(昭和27)年5月1日、メーデー中央集会のデモ隊が使用不許可となっていた皇居前広場に入り、警官隊と衝突して多数の死傷者を出した。これを血のメーデー事件、あるいは皇居前広場事件ともいうが、第3次吉田内閣はこの事件の2カ月後に暴力主義的破壊活動の規制をめざす破壊活動防止法(破防法)を成立させ、その調査機関として公安調査庁を設置した。

　平和条約の発効にともない、1952(昭和27)年4月、海上保安庁内に海上警備隊(のち警備隊)が新設され、10月には警察予備隊は保安隊に改組されたが、アメリカの再軍備の要求はさらに強まり、吉田内閣は防衛協力の実施に踏み切った。1954(昭和29)年3月にはMSA協定(日米相互防衛援助協定など4協定の総称*)が締結されると、日本はアメリカの援助で兵器や農産物などの供給を受けるかわりに、自衛力の増強を義務づけられ、同年7月に防衛庁を新設し、その統括のもとに保安隊と警備隊を統合して、陸・海・空の自衛隊を発足させた。自衛隊は、直接・間接の侵略からの自衛を主たる任務とするが、そのほか災害救助や治安維持を目的に出動を命じることができるとされた。

3　朝鮮戦争と戦後復興　67

自衛隊の最高指揮監督権は内閣総理大臣に属し，内閣の一員で文民の防衛庁長官(現，防衛大臣)が内閣総理大臣の指揮・監督のもとに隊務を統括することになっている。

＊ＭＳＡ協定　アメリカと自由主義諸国との間で締結された安全保障協定で，相互防衛援助協定(ＭＤＡ協定)，農産物購入協定，経済措置協定，投資保証協定の総称。いずれもアメリカの相互安全保障法(ＭＳＡ)を根拠としているので，このようによばれている。

また同年には自治体警察を廃止して，警察庁指揮下の都道府県警察からなる国家警察に一本化して，警察組織の中央集権化をはかった。教育の分野でも，1954(昭和29)年公布の「教育二法」で公立学校教員の政治活動と政治教育が禁じられ，さらに1956(昭和31)年の新教育委員会法により，それまで公選であった教育委員会の委員が地方自治体の首長による任命制に切りかえられた。

左右の日本社会党，日本共産党，総評などの革新勢力は，こうした吉田内閣の動きを占領期の改革の成果を否定する「逆コース」ととらえ，内灘(1953年，石川県)や砂川(1957年，東京都)などでアメリカ軍基地反対闘争を展開した。また，1954(昭和29)年3月に中部太平洋ビキニ環礁でのアメリカの水爆実験により，静岡県焼津市の遠洋マグロ漁船第五福竜丸が被爆し，

◀焼津港に戻った第五福竜丸
(1954〈昭和29〉年)　中部太平洋のビキニ環礁で被爆した第五福竜丸は港に戻ったが，静岡県焼津港一帯は立入り禁止となった。写真は，警官が警備についている様子。(毎日新聞社提供)

▶サンフランシスコ平和条約の規定による日本の領土

乗組員1人が死亡した。これを契機に平和運動が高まり、翌1955(昭和30)年8月に広島で第1回原水爆禁止世界大会が開かれた。

千島列島の放棄と沖縄・小笠原諸島

　平和条約は、交戦国に対する日本の賠償責任については軽減したが、領土についてはきびしく限定していた。朝鮮の独立、台湾・南樺太・千島列島の放棄などが定められ、沖縄・小笠原諸島はアメリカの施政権下に移された。

　朝鮮や台湾のように、戦争や侵略行為によって獲得した領土の放棄は当然であるが、千島列島の放棄には問題が残った。千島列島については、1855(安政2)年2月(安政元年12月)の日露和親条約、1858(安政5)年8月の日露(魯)修好通商条約によって、択捉島、国後島、色丹島及び歯舞群島は日本領、ウルップ島以北の諸島はロシア領とされた。また、1875(明治8)年5月の樺太・千島交換条約によって、日露混住のウルップ島以北の

3　朝鮮戦争と戦後復興　69

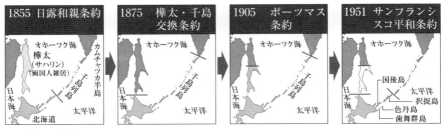

▲北方領土の推移

　北千島も、同じく日露混住の地であった樺太と交換され、日本領とされた。そして、1905(明治38)年9月のポーツマス講和条約によって、ロシアは北緯50度以南の樺太と付属の諸島を日本に譲与した。

　平和条約が日本に対して、千島列島を放棄させようとしたのは、第二次世界大戦末期の1945年2月のヤルタ会談で、アメリカ大統領のローズヴェルトがソ連のスターリン書記長に、対日参戦の見返りに千島列島を引き渡すという密約をしていたからである。これは、ポツダム宣言が履行するとしていた1943年11月のカイロ宣言の連合国による領土不拡大の原則に抵触するものであった。講和会議で、日本の首席全権吉田茂首相はソ連の主張には異議をとなえたが、千島列島の放棄そのものについては認めた。当時、千島列島は北海道の一部である歯舞群島・色丹島とともにソ連の占領下にあったが、いわゆる北方領土(択捉島、国後島、歯舞群島、色丹島)の帰属をめぐる問題が日ソ平和条約締結の障害として残った。

　また平和条約は、奄美群島をふくむ琉球列島と小笠原諸島が日本固有の領土であることを認めつつも、これを国際連合の信託統治制度によってアメリカの施政権下におくとしていた。しかも、アメリカが信託統治を国連に提案して可決されるまでは、アメリカが行政、立法および司法上の権力を行使するとされており、結局アメリカが提案しなかったので、平和条約発効後もアメリカの統治権の行使がつづいた。すなわち、奄美群島をふ

くむ琉球列島と小笠原諸島では，平和条約発効後も占領が継続されていたということになる。

　奄美群島は1953(昭和28)年12月に日本復帰が実現し，小笠原諸島は1968(昭和43)年6月に返還されたが，沖縄はその後もアメリカの施政権下にとり残された。沖縄県祖国復帰協議会は，1960(昭和35)年の結成総会で平和条約発効の4月28日を「屈辱の日」と名づけた。

朝鮮特需と経済復興

　ドッジラインとよばれる経済安定策によって深刻な不況におちいっていた日本経済は，1950(昭和25)年6月に勃発した朝鮮戦争で活気を取りもどした。武器や弾薬の製造，自動車や機械の修理など，アメリカ軍による膨大な特殊需要(特需)が発生したからである。また，世界的な景気回復のなかで対米輸出がふえ，繊維や金属を中心に生産が拡大し，繊維産業ではガチャンと織機を動かすと1万円のもうけが出るといわれ，ガチャマン景気とよばれた。1951(昭和26)年には，工業生産，実質国民総生産，実質個人消費などが戦前の水準(1934〜1936年平均)を回復した(特需景気)。

	物資	サービス	合計
第1年 (1950.6〜51.5)	229,995	98,927	328,922
第2年 (1951.6〜52.5)	235,851	79,767	315,618
第3年 (1952.6〜53.5)	305,543	186,785	492,328
第4年 (1953.6〜54.5)	124,700	170,910	295,610
第5年 (1954.6〜55.5)	78,516	107,740	186,256
累計	974,605	644,129	1,618,734

▲おもな物資およびサービスの契約高(1950年6月〜56年6月，単位：千ドル)

	物資		サービス	
1	兵器	148,489	建物の建設	107,641
2	石炭	104,384	自動車修理	83,036
3	麻袋	33,700	荷役・倉庫	75,923
4	自動車部品	31,105	電信・電話	71,210
5	綿布	29,567	機械修理	48,217

▲特需契約高(単位：千ドル)

順位	第1年 (1950.6〜51.5)	第2年 (1951.6〜52.5)	第3年 (1952.6〜53.5)	第4年 (1953.6〜54.5)	第5年 (1954.6〜55.5)
1	トラック	自動車部品	兵器	兵器	兵器
2	綿布	石炭	石炭	石炭	石炭
3	毛布	綿布	麻袋	食糧品	食糧品
4	建築鋼材	ドラム缶	有刺鉄線	家具	家具
5	麻袋	麻袋	セメント	乾電池	セメント

▲主要物資の年別契約順位

◀朝鮮特需の概要(『資料戦後20年史』2より)　特需は，1950(昭和25)年6月からの5年間で総額16億1900万ドルに達した。物資では兵器・石炭，サービスでは建物の建設，自動車修理などが上位を占めた。

3　朝鮮戦争と戦後復興　71

こうしたなかで，政府は積極的な産業政策を実施し，1950(昭和25)年12月には延払輸出など長期の輸出金融を目的に日本輸出銀行を設立した。同行は1952(昭和27)年4月には業務を輸入金融にも拡大し，日本輸出入銀行と改称した。また，1951(昭和26)年4月には，産業の開発や経済社会の発展を促進するために長期資金の供給を目的とする日本開発銀行を設立した。そして，1952(昭和27)年3月には企業合理化促進法＊を制定し，企業の設備投資に対して税制上の優遇措置をとることにした。

> ＊**企業合理化促進法**　企業の合理化を促進し，日本の経済自立を達成することを目的として公布された法律。工業，鉱業，電気事業，ガス事業，運輸事業，土木建築業，水産業，その他政令で定める事業者に対して，技術の向上を促進するために必要な場合には，補助金を交付したり，国有の機械設備を貸与したりすることができるとしている。

　電力再編成をめぐっては，戦前からの日本発送電体制を継続しようとする国家管理案と民有民営化をめざす議論が対立していたが，1951(昭和26)年に発電から配電までの一貫経営をおこなう，民有民営形態の9電力体制がつくられた。また，電力不足をおぎなうため1952(昭和27)年9月に電源開発株式会社＊が設立され，佐久間や奥只見で大規模な水力発電所が建設された。

▲奥只見ダムの建設風景(毎日新聞社提供)

▶輸出産業の花形　造船業
溶接工法・ブロック建造方式などの技術開発により国際競争力をつけた。写真は1956(昭和31)年の日本鋼管鶴見造船所。(毎日新聞社提供)

＊電源開発株式会社　電源開発促進法にもとづいて設立された政府出資による電気の卸売会社。設立以来，東京電力，関西電力など一般電気事業者に低廉で安定した電力を供給してきたが，2003(平成15)年10月に同法が廃止され，2004(平成16)年10月に完全民営化された。

　造船業では，1947(昭和22)年から政府主導の計画造船が進められた。海運業の再建と造船業の復興をめざし，海運会社に長期低利の財政資金を供給して船舶を発注させ，造船市場を計画的に創出することによって造船業の操業を確保したのである。その結果，日本の造船量は1956(昭和31)年にイギリスを抜いて世界第1位となった。

　鉄鋼業では，1951(昭和26)年度から1953(昭和28)年度まで第1次鉄鋼業合理化計画が実施された。また，川崎製鉄は，西山弥太郎社長の独創的な構想により，日本銀行総裁など大方の反対を押し切って，1951(昭和26)年，千葉に新鋭の製鉄所を建設して，銑鋼一貫経営に転換した。

　このように，政府は重点産業に国家資金を積極的に投入し，税制上の優遇措置をとったため，電力・造船・鉄鋼などの部門で活発な設備投資がなされた。朝鮮戦争の休戦で特需景気は崩

3　朝鮮戦争と戦後復興　73

壊したが，輸出の好調に支えられて景気は拡大した。日本は，
1952(昭和27)年に国際通貨基金（ＩＭＦ），1955(昭和30)年には
関税及び貿易に関する一般協定（ＧＡＴＴ）に加盟した。ＩＭＦ
は，第二次世界大戦後の国際通貨体制を支える基幹的組織で，
為替レートの安定と国際決済の円滑化を目的に1947年に設立さ
れた。アメリカが金１オンス＝35ドルという平価*を設定し，
加盟国はドルに対して平価を定めた（固定為替相場制）。また，
ＧＡＴＴは第二次世界大戦後の新たな国際秩序を形成するため
に，自由貿易の拡大と関税引下げを目的にＩＭＦとともに創設
され，1948年から発効し，当初の加盟国は23カ国であった。

  ＊平価　金本位制度下での通貨の対外的な価値（法定通貨）。Ｉ
  ＭＦ体制のもとでは，加盟国は自国通貨の対外的な価値を金
  または米ドル（金１オンス＝35ドル）で表示することが義務づ
  けられた（ＩＭＦ平価）。

4　生活のゆとりと大衆文化

食糧難からの解放

　敗戦後の絶対的な食糧不足のもとでも，国民は占領地行政救済資金（ガリオア資金）などによる食糧の緊急輸入によってなんとか大量餓死をまぬかれていたが，農地改革による農業生産の回復，1955（昭和30）年以降における米の大豊作などによって食糧難はしだいに解消に向った。戦争末期以来「どん底」の生活をやむなくされていた国民も，その日暮らしの生活から解放され，1952（昭和27）年には1人あたり国民所得が戦前の水準を上まわり，いくらかゆとりをもつ生活ができるようになった。そのようななかで，1950（昭和25）年の朝鮮戦争のころに名古屋からはじまったパチンコが，庶民の娯楽として大流行した。

　生活にややゆとりが出ると，人びとの関心は「食」から「衣」へと向った。欧米では，クリスチャン・ディオールが1947年のはじめに第1回コレクションで発表したロングスカートが，「ニ

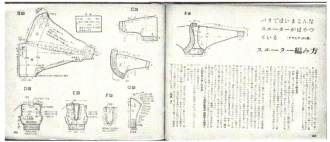

◀「それいゆ」昭和26（1951）年の19号表紙とモード紹介のページ　洋裁学校が人気になるにつれて，女性誌も競ってファッションページを設けた。「それいゆ」は中原淳一の編集で，大変な人気があった。（© JUNICHI NAKAHARA / HIMAWARIYA INC., 国立国会図書館蔵）

◀『悲しき口笛』の美空ひばり（監督／家城巳代治〈1949年〉，写真提供／松竹）

◀映画『君の名は』の1シーン　主人公の氏家真知子と後宮春樹が数寄橋で再会する場面。（監督／大庭秀雄〈1953年〉，写真提供／松竹）

ュールック」とよばれて話題となっていたが，日本でも1948（昭和23）年ごろから流行した。また，洋服を作る技術を学ぶ女性がふえ，洋裁学校がつぎからつぎへと開設され，一大洋裁ブームがおこった。

　1952（昭和27）年に，ＮＨＫラジオの連続放送劇「君の名は」（菊田一夫作）が大きな人気をよび，放送時間の木曜日夜8時30分から9時には女風呂ががら空きになるという神話まで生まれた。「君の名は」が映画化されると，主役の氏家真知子を演じる岸恵子の長いショールを頭と首に巻き，その端を首にかけたスタイルが「真知子巻き」とよばれて全国的に流行し，白い毛糸で編んだショールを真知子巻きにした女性が街にあふれた。

　また，オードリー・ヘップバーンのデビュー映画「ローマの休日」が1954（昭和29）年に日本で封切られると，外国映画の興行成績第1位となった。主人公のプリンセスが髪の毛を短く切って町の娘に変身するシーンが話題をよび，この髪型がヘップバーンカットとして流行した。

　歌謡曲では，のちに国民的スターとなる美空ひばりが，1946（昭和21）年に9歳で地元横浜の劇場でデビューし，天才少女と

▶街頭テレビに群がる人びと
（読売新聞社提供）

して話題をよんだ。1949(昭和24)年に「河童ブギウギ」でレコードデビューをはたし，「東京キッド」「リンゴ追分」などが大ヒットした。

　1951(昭和26)年9月には名古屋のＣＢＣ中部日本放送，大阪の新日本放送が放送を開始し，年内に6局の民間ラジオ放送がはじまった。翌年には9局，合計15局の民間放送がはじまり，ラジオ放送は，ＮＨＫによる独占の時代に終焉を告げ，多局化の時代となった。ラジオＣＭもはじまり，中部日本放送が「精工舎の時計がただいま7時をお知らせしました」というＣＭを流した。

　1950(昭和25)年11月には，ＮＨＫによってテレビの定期実験放送が開始され，1953(昭和28)年2月から本放送を開始した。同年8月には民間の日本テレビも開局し，テレビ時代が幕を開けた。日本テレビが大型の受像機を街頭に設置すると，街頭テレビの前に黒山の人だかりができた。人気を集めたのはスポーツ番組で，東京六大学野球や大相撲に加えて，力道山が活躍するプロレスが大人気となった。

　雑誌『平凡』は，1945(昭和20)年11月の創刊であるが，1948(昭

4　生活のゆとりと大衆文化　77

和23)年2月号から判型をA5判からB5判にかえ，グラビア
が大幅にふえた。「コロンビア・ヒット・ソング集」として，
二葉あき子「夜のプラットホーム」，渡辺はま子「雨のオランダ
坂」，近江俊郎「山小舎の 灯 」などが取り上げられ，「アルバム
拝見」の欄では東宝のスター山根寿子の写真が掲載されていた。
歌謡曲や映画スターの写真と歌詞や談話が組み合わせられてお
り，その後のテレビ・週刊誌時代の娯楽ジャーナリズムの先取
りとなった。3月号からは「100万人の娯楽雑誌」というキャッ
チフレーズが表紙に入り，5月号は「歌と映画の娯楽雑誌」とな
った。

学問と文化財

　戦後歴史学を主導した歴史学研究会は，1949(昭和24)年に「世
界史の基本法則」，翌1950(昭和25)年に「国家権力の諸段階」を
大会の統一論題に設定し，歴史を世界史的・法則的にとらえる
方法を提起した。戦後歴史学は，侵略戦争，天皇制，封建制な
どを批判的に検討し，近代的・民主的な日本を建設するための
方策を模索していた。また，中国文学者の竹内 好 は，魯迅の
研究を通して「近代とは何か—日本と中国の場合—」(1948年)を
執筆し，中国の近代化に注目して，西欧に追従してきた日本を
開発途上国の近代化の唯一のモデルとするのは西洋中心史観で
あると批判した。
　登呂遺跡(静岡県)や岩宿遺跡(群馬県)の発掘が進み，考古
学研究が隆盛となった。これによって，実証に裏づけられた古
代史研究が発展した。
　1949(昭和24)年にはあらゆる分野の科学者を代表する機関と
して日本学術会議が設立された。一方，あいつぐ放火によって
貴重な文化財が失われた。1949(昭和24)年1月，1300年の歴史
を誇った法隆寺金堂が失火し，有名な壁画がすすけて色彩を失
った。同年6月には，北海道の松前城が「城主の子孫」と名乗る
浮浪者の放火で焼失し，翌1950(昭和25)年7月には金閣寺が放

▶登呂遺跡の発掘
再開の様子（明治大学博物館提供）

火された。

　法隆寺金堂壁画の焼損を契機として，伝統的価値のある文化財を保護するために，1950（昭和25）年には文化財保護法が制定された。なお，その後1968（昭和43）年に文化財の保護と文化の復興のため文部省の外局として文化庁が設置された。

　戦前の1937（昭和12）年に学問・芸術の発達を奨励するために制定されながら，しばらく中断していた文化勲章の授与も1946（昭和21）年に復活した。

世界に通用する日本人

　1947（昭和22）年8月，神宮プールで開催された全日本選手権水上競技大会で，古橋広之進が400m自由形で世界新記録を出して優勝した。その後もつぎつぎと記録を更新し，1949（昭和24）年8月の全米水上選手権大会では，400m，800m，1500mの自由形において世界新で優勝した（2位は橋爪四郎）。古橋は「フジヤマのトビウオ」とよばれた。

　また，1949（昭和24）年11月には，理論物理学者湯川秀樹の中間子理論の研究が評価されて，日本人としてはじめてノーベル賞を受賞した。湯川は，1950（昭和25）年8月にプリンスト

4　生活のゆとりと大衆文化　79

◀黒澤明(1910〜98) 1943(昭和18)年に「姿三四郎」で監督デビュー。戦後,1951(昭和26)年「羅生門」でベネチア国際映画祭金獅子賞を受賞し,世界の映画界の巨匠の1人となる。1952(昭和27)年「生きる」,1954(昭和29)年「七人の侍」などを製作。(黒澤プロダクション提供)

▲「七人の侍」 戦国時代の貧しい村を七人の侍が守る話。ダイナミックなアクションと真摯な人間の生き様が描かれている。 ©1954 TOHO CO.,LTD

▲「羅生門」 芥川龍之介の小説『藪の中』などをもとにした作品。日本での封切りはあまり芳しいものではなかった。
© KADOKAWA「羅生門」1950年,監督黒澤明

▲「ミス・ユニバース」世界大会 右から2人目が伊東絹子。(共同通信社提供)

ンから帰国したが，その日の羽田空港は報道陣ばかりでなく，一般人の出迎えでごった返した。さらに1952(昭和27)年5月には，プロボクシングの白井義男が世界チャンピオンとなり，以後4度の防衛を果たした。

　古橋，湯川，白井は，敗戦によって自信を失い，この先世界に向って自己主張できるかどうか不安に思っていた日本人に，明るい希望の灯をともした。戦時中の日本人は，国家権力を背にして世界に出ていった。しかし，この3人の活躍は，個々人の技能をもって世界の頂点を極めることができるという光明を人びとにあたえた。それぞれ活躍した分野は異なるが，3人は敗戦直後における日本人のヒーローとなった。

　世界を舞台に活躍する日本人はこれだけではなかった。黒澤明監督の「羅生門」は，1951(昭和26)年9月の第12回ベネチア国際映画祭で金獅子賞を獲得した。またアカデミー賞名誉賞も獲得し，ヨーロッパやアメリカで公開された。

　1953(昭和28)年にはファッションモデルの伊東絹子が，アメリカ合衆国カリフォルニア州のロングビーチで開かれた「ミス・ユニバース」世界大会で3位に入賞し，伊東の体形にちなんだ「八頭身美人」が流行語となった。

4　生活のゆとりと大衆文化　81

第3章 高度成長の時代

1　55年体制の成立

東西対立と緊張緩和

　米ソを中心に展開する東西両陣営の対立は，ますます激しさをました。米ソ両国は，原爆から水爆へ，さらには核兵器を遠方に撃ち込む大陸間弾道弾ミサイル（ICBM）と，とめどない軍備拡大競争にのめりこんだ。米ソの競争は，ソ連の人工衛星スプートニクの打上げ（1957年），アメリカの宇宙船アポロ11号による人類初の月面着陸（1969年）など，宇宙開発をめぐっても展開された。

　しかし，核対決が手づまりになるなかで，1950年代半ばから東西対立を緩和する動きが生まれた（「雪どけ」）。ソ連では，1953年に独裁者スターリンが死去したのち，フルシチョフが東西平和共存路線を打ち出し，1959年に訪米してアイゼンハワー大統領と首脳会談をおこなった。1962年のキューバ危機後には，米ソ間の緊張緩和はさらに進み，核軍縮交渉がはじまり，1963年に部分的核実験禁止条約，1968年には核兵器拡散防止条約が調印された。

　1960年代になると，東西両陣営の「多極化」が進み，米ソの地位にかげりが見えはじめた。西欧諸国は，アメリカに依存しつつ復興を果たしたが，1957年にヨーロッパ経済共同体（EEC），1967年にはヨーロッパ共同体（EC）を組織し，経済統合を進めつつ自立をはかった。また，フランスのド・ゴール大統

1　55年体制の成立　83

◀ アジア・アフリカ会議
1955年4月18日から24日まで、インドネシアのバンドンでアジア23カ国、アフリカ6カ国が、世界平和の実現を話し合い、「平和10原則」を発表した。これらの米ソに属さない新独立国は、非同盟の第三勢力となった。（毎日新聞社提供）

領は自主独立の外交を展開し、西ドイツや日本は驚異的な経済成長をとげてアメリカの産業をおびやかすようになった。

東側では、ソ連に対抗する中国が1964年に核実験を成功させ、1966年には毛沢東の指導で中国独自の社会主義建設をめざす文化大革命に突入した。また1968年にはチェコスロバキアの自由化・民主化の動き（プラハの春）が、ソ連や東欧諸国の軍隊によって押しつぶされた。

1955年に開催されたアジア・アフリカ会議（A・A会議、バンドン会議）では、中国とインドが中心になって、東西対立の局外に立つ第三勢力の結集をよびかけ、新興独立国家群の結集がはかられた。アジア・アフリカの29カ国の代表が参加し、日本からも高碕達之助が参加した。すでに1954年6月、中国の周恩来首相とインドのネルー首相が会談し、両国友好の基礎として「平和五原則」を確認していたが、アジア・アフリカ会議ではそれを発展させ、①基本的人権と国連憲章の尊重、②主権と領土保全の尊重、③人種と国家間の平等、④内政不干渉、⑤自衛権の尊重、⑥軍事ブロックの自制、⑦侵略の排除、⑧国際紛争の平和的解決、⑨相互協力、⑩正義と義務の尊重など、平和共存・反植民地主義に貫かれた「平和10原則」が決議された。1960年代には、アジア・アフリカ諸国が国連加盟国の過半を占めるようになった。

▶ベトナムの農村を爆撃するアメリカ軍機 (1965年2月7日) アメリカによる北爆開始でベトナム戦争は泥沼化した。アメリカは枯葉剤散布や家屋を燃やしつくすナパーム弾によって、ベトナムの農村を破壊したが、勝利しなかった。(ユニフォトプレス提供)

ベトナムでは、フランスによる植民地支配からの独立運動がつづいていた。1945年9月にベトナム民主共和国(北ベトナム)が独立を宣言したのに対し、旧宗主国フランスがベトナム国(南ベトナム)を建国し、両国間でインドシナ戦争がはじまったが、1954年に北ベトナム側の勝利に終わり、北緯17度線に休戦ラインが引かれ、フランス軍は撤退した。

しかし、南北分断のもとでなおも内戦がつづき、1965年からは南ベトナム政府を支援するアメリカが、北ベトナムへの爆撃(北爆)をふくむ大規模な軍事介入をはじめた。これに対して、北ベトナムと南ベトナム民族解放戦線は中ソの援助をえて抗戦した(ベトナム戦争)。

保守合同への模索

1949(昭和24)年2月に成立した吉田茂内閣は、GHQの支持のもとに3年10カ月余りにわたる長期政権であった。しかし、1954(昭和29)年の造船疑獄事件の処理をめぐって国民の批判が高まり、自由党内においても「ワンマン」な吉田首相に反発する勢力が増大した。政府は海運業再建のため、財政資金の融資による計画造船を実施することとし、1953(昭和28)年1月に船価の低減化のため外航船舶建造融資利子補給法*を制定した。そのさいに、法案の国会審議や融資割当をめぐって、海運業界や造船業界から運輸省や自由党の幹部に大規模な贈収賄がおこ

1 55年体制の成立 85

なわれた。吉田内閣は、この贈収賄事件を事実上もみ消したのである。

> ＊外航船舶建造融資利子補給法　外航船舶の建造を促進するとともに、海運の健全な振興をはかることを目的に、外航船舶の建造資金の利子補給金を政府が支給できるようにした法律。

　一方、経済再建のためには政治の安定が必要と考えた財界は、選挙のたびに革新勢力が議席をふやすのをみて、保守政党の結集をよびかけた。1954(昭和29)年5月、自由党、改進党、日本自由党の間で新党結成のための交渉委員会が発足したが、だれを総裁にするかでゆきづまり、自由党は6月に交渉の打ち切りを宣言した。

　1953(昭和28)年3月に自由党に入党した岸信介は、二大政党論をかかげて保守新党の結成を提唱した。翌1954(昭和29)年4月には、自由党と改進党の有志による新党結成促進協議会の大会が開かれた。同年7月には岸、芦田均、石橋湛山らが役員として全国を遊説してまわり、9月に同協議会は新党結成準備会に切りかえられた。

　こうした動きに改進党と日本自由党は同調したが、自由党執行部は同調せず、1954(昭和29)年11月に新党結成準備会が鳩山一郎を委員長に推戴すると、自由党は岸と石橋を除名した。

　このときに改進党と日本自由党は解党し、それに自由党を脱党した鳩山派37名が加わって日本民主党が結成された。総裁に鳩山一郎が就任し、そのほかは副総裁重光葵、幹事長岸信介、政調会長松村謙三、総務会長三木武吉という陣容で、芦田均、石橋湛山、大麻唯男が最高顧問となった。

　このように戦後の保守陣営は離合集散をくり返したが、1954(昭和29)年末には、吉田茂の後継者となった緒方竹虎を総裁とする自由党と、鳩山一郎を総裁にかかげる日本民主党に分裂していた。一方、革新政党は鈴木茂三郎らの左派日本社会党、河上丈太郎らの右派日本社会党、黒田寿男らの労働者農民党(労農党)、それに日本共産党などに分かれていた。

1954(昭和29)12月，日本民主党と左右両派の日本社会党が共同で内閣不信任案を提出した。吉田は衆議院の解散を主張したが，経団連，日経連，日商，経済同友会の財界4団体は反対し，自由党内も解散回避でまとまった。こうして吉田内閣は総辞職に追い込まれ，1954(昭和29)年12月の臨時国会で鳩山一郎が次期内閣の首班に選出され，左右両派の日本社会党も早期に総選挙をおこなうということを条件に鳩山を支持した。第1次鳩山内閣は日本民主党の少数与党内閣で，しかも左右両派の日本社会党に早期の解散・総選挙を約束している選挙管理内閣であったが，国力に応じた自衛力の整備をかかげ，再軍備・憲法改正をめざす政治姿勢を打ち出した。

1955(昭和30)年1月に衆議院を解散し，2月に総選挙がおこなわれ，日本民主党と左派日本社会党が議席を伸ばし，自由党が惨敗した。各政党の議席数は，日本民主党185，自由党112，左派日本社会党89，右派日本社会党67，その他14で，日本民主党が第1党となり，日本社会党は左右両派で156議席を獲得し，憲法改正阻止に必要な3分の1の議席を確保した。

日本民主党はブームにのって第1党に躍進したが，過半数にはほど遠く，参議院では23議席の少数与党で，政権維持のためには自由党の協力が不可欠であった。選挙後の首班指名では自由党の協力をえて第2次鳩山内閣がスタートしたが，衆議院議長の選挙では，日本民主党推薦の三木武吉が自由党に受け入れられず，自由党推薦の益谷秀次が左右両派の日本社会党の同意をえて選出された。

日本社会党の統一

1951(昭和26)年10月に平和条約の賛否をめぐって左右両派に分裂した日本社会党は，1953(昭和28)年10月ごろから統一に向けての動きをみせるようになった。同年4月の総選挙で自由党の議席が過半数を割って以来保守合同への動きが加速しており，再軍備，憲法改正などが叫ばれるようになった。そうした状況

1　55年体制の成立　87

◀日本社会党統一大会
（1955〈昭和30〉年10月13日）　左右の日本社会党合同で、改憲阻止ができる衆議院議席を確保。委員長には左派の鈴木茂三郎、書記長には右派の浅沼稲次郎が就任した。（読売新聞社提供）

に対抗するには、なによりも革新勢力の結集が必要であると考えたからである。

　分裂当初は右派が多かったが、その後の再軍備反対・平和護憲の世論の高まりにともなって左派の勢力が伸び、右派も中道寄りから革新の側にもどりつつあった。党外からも日本社会党の再統一を望む声があがり、総評は1954（昭和29）年11月に左右両派の日本社会党と労働者農民党の統一を申し入れた。

　左右両派の日本社会党も統一をすれば政権を獲得できるのではないかと考え、1955（昭和30）年1月、別々に臨時党大会を開いて選挙後に統一することを決議した。同年2月の総選挙で、左右両派の日本社会党は3分の1をこえる議席を獲得した。選挙後も議論がつづけられ、綱領・政策をめぐって最後まで対立していたが、1955（昭和30）年10月に東京神田の共立講堂で統一大会が開かれ、委員長に左派の鈴木茂三郎、書記長に右派の浅沼稲次郎を選出し、衆議院で155議席、参議院で69議席を有する日本社会党が誕生した。1951（昭和26）年10月の分裂以来、4年ぶりの統一であった。

　しかし、これによって日本社会党の左派・右派の対立が解消したわけではなかった。それは、目前に保守合同がせまってい

▶**自由民主党の成立**(1955〈昭和30〉年11月15日) 政策安定をめざす財界の圧力で，日本民主党と自由党が合同。翌年，初代総裁に鳩山一郎が就任。(毎日新聞社提供)

るという認識のもとでの対応であった。それゆえ日本社会党は，統一後もしばしば内紛をくり返している。

　日本共産党は，1949(昭和24)年1月の総選挙で35議席を獲得したが，その後は分裂をくり返し，議席数を減らしていった。しかし，個々の党員は原水爆禁止運動や基地反対運動などで活躍し，1955(昭和30)年7月の第6回全国協議会(六全協)で極左路線を修正し，先進国型平和革命路線に踏み出した。

保守合同の実現

　財界は，保守内部の対立と政局の混迷に不安をいだき，保守合同に圧力をかけていたが，日本社会党の統一がその動きを加速させた。1955(昭和30)年6月に日本民主党の鳩山総裁と自由党の緒方総裁が保守勢力結集について共同談話を発表し，財界では同年9月に日本商工会議所が総会で保守合同促進を決議した。

　日本民主党，自由党とも合同そのものに異論はなかったが，総裁をどちらから出すかで対立していた。しかし，1955(昭和30)年10月に左右日本社会党の統一が実現すると，11月に東京神田の中央大学講堂で開かれた結党大会で，日本民主党と自由

党の合同が決議され，自由民主党が結成された。自由民主党は，衆議院299議席，参議院118議席を有する大保守政党となった。また，総裁はおかず，旧日本民主党から鳩山，緒方，三木武吉の3人，自由党からは大野伴睦(旧自由党)，合計4人が代行委員となった。なお，総裁はいずれ所属国会議員の投票で選出することとなっていたが，1956(昭和31)年1月末に緒方が急死したため対立候補がなくなり，同年4月に鳩山一郎が初代総裁となった。

　日本社会党の統一と保守合同によって，二大政党対立の時代が到来した。理念のうえでは冷戦構造と同じく自由主義(資本主義)と社会主義の対立であったが，政策のうえでは自由民主党(保守勢力)が憲法改正(改憲)と再軍備，ないし対米依存のもとでの安全保障を追及し，日本社会党(革新勢力)が憲法擁護(護憲)と非武装中立を主張した。

　自由民主党と日本社会党は，二大政党とはいうものの，日本社会党の議席数は自由民主党の2分の1程度であったので，「疑似二大政党」というのが実態であった。そのため，国会の議席の大部分は自由民主党と日本社会党によって占められたが，政権交代はおこらず，細川護熙を首班とする非自民連立内閣が成立する1993(平成5)年まで，38年間にわたって自由民主党による長期保守政権がつづくことになった。このような保革対立のもとでの保守一党(自由民主党)優位の体制を55年体制とよぶ。ただし，保守政権が安定するには，60年安保闘争の教訓に学んだ池田勇人政権の誕生までまたなければならなかった。

　なお，財界は社会主義政権ができることをおそれ，資金援助のルートを整備して保守政権を支えた。こうして55年体制の成立は，経団連などの財界団体と自由民主党との関係が深まっていく端緒ともなった。

国際社会への復帰

　サンフランシスコ平和条約締結後，日本は世界保健機関(ダブルＷ

▶**日本の国連加盟**(1956〈昭和31〉年12月18日) 日ソ共同宣言を受けて、国連総会は全会一致で、日本の加盟を承認した。写真は、国連で日章旗がかかげられ、それを見上げている重光葵外相。（時事通信社提供）

ＨＯ、1951年5月)、ユネスコ(1951年6月)、国際労働機関(ＩＬＯ、1951年6月再加盟、国会承認は11月)、国連食糧農業機関(ＦＡＯ、1951年11月)、国際通貨基金(ＩＭＦ、1952年5月)、関税及び貿易に関する一般協定(ＧＡＴＴ、1955年6月)などの国際機関や組織に参加してきた。それらは、いずれもアメリカを中心とする西側諸国によって構成されていた。しかし、真に国際社会に復帰するためには、もっとも包括的な国際機関である国際連合に加盟しなければならなかった。

　国連に加盟するには、安全保障理事会(安保理)の承認が必要であった。同理事会では米・英・仏・ソ・中(台湾)の5大国が拒否権をもっており、1カ国でも反対すれば加盟できなかった。日本は、平和条約調印直後から国連加盟を申請していたが、1952(昭和27)年9月の安保理ではソ連の拒否権にあって加盟できなかった。また、1955(昭和30)年12月には、日本をふくむ18カ国一括加盟案が審議されたが、中国(台湾)がモンゴルの加盟に反対したため実現しなかった。

　日本が国連に加盟するためには、ソ連の同意を取りつける必要があった。鳩山内閣は、アメリカ一辺倒の吉田内閣の外交路線では国連加盟は実現できないとみて、中ソとの関係調整を外

1　55年体制の成立　91

交政策としてかかげた。

　保守合同後，第2次鳩山内閣は総辞職し，1955（昭和30）年11月に自由民主党（自民党）を基盤とする第3次鳩山内閣が成立した。同内閣は，これまでと同じく改憲をめざす保守色の濃い政策を進め，憲法改正・再軍備を推進するため，内閣に憲法調査会と国防会議を設置した。

　一方で鳩山内閣は，自主外交をうたってソ連との国交回復交渉をはじめた。アメリカ一辺倒の外交から離れて，日ソ・日中の関係改善をはかることは国民世論でもあり，1950年代に入ると共産圏との国交回復や貿易の再開を求める運動が広がった。ソ連・中国市場に目を向ける産業資本，北洋漁業に期待を寄せる漁業資本も，こうした動きを支援した。

　ソ連との国交回復交渉で最大の難関は領土問題であった。日ソ交渉の過程で，日本はソ連が占領している国後島，択捉島，歯舞群島，色丹島を固有の領土であると主張して返還するよう求めたが，ソ連が国後島，択捉島の返還を拒否したため，交渉はゆきづまった。鳩山首相は，領土問題を棚上げし，1956（昭和31）年10月にソ連との国交回復に関する共同宣言に調印した。歯舞群島，色丹島は将来の平和条約締結時に返還すると約束されるにとどまった。これによって日ソ間の国交は回復したが，日本とソ連（現在はロシア）の平和条約はいまだに結ばれず，北方領土の問題は今日にいたっても解決をみていない。

　日ソ国交回復が実現すると，これまで日本の国連加盟を拒否していたソ連が賛成にまわり，国連は，1956（昭和31）年12月の総会で日本の加盟を全会一致で可決した。こうして日本は80番目の国連加盟国となり，国際社会に復帰した。1933（昭和8）年3月に国際連盟を脱退してから23年目のことであった。

日米安保条約の改定

　鳩山内閣のあとを継いだのは石橋湛山内閣であった。石橋は，戦前に自由主義的な経済雑誌『東洋経済新報』の記者として活躍

した経済評論家で，ケインズ流の積極財政を主張していた。総裁選で敗れた岸信介が副総理格の外相に就任したが，池田勇人を蔵相に起用したので，経済政策では積極財政が採用されるものとみられていた。実際，石橋内閣は，1955（昭和30）年からはじまる神武景気を背景に「一千億減税，一千億施策」をかかげるとともに，自由主義国家の一員という枠内で日中貿易の拡大をめざすと述べ，国民からは好感をもって迎えられた。

　しかし，石橋首相は1957（昭和32）年1月に風邪から肺炎をおこし，就任後わずか2カ月で辞職した。後任には岸信介が選出された。岸内閣は石橋内閣の全閣僚を留任させ，予算編成もそのまま引き継ぎ，人事も政策も石橋内閣を踏襲した。しかし，同年7月の内閣改造では池田蔵相を更迭し，石橋財政に批判的であった元日本銀行総裁の一万田尚登を任命した。石橋内閣がかかげた日中貿易にも消極的であった。

　岸内閣が最初に手がけたのは再軍備であった。1957（昭和32）年4～5月，防衛二法（自衛隊法，防衛庁設置法）を改正して，自衛隊員1万人を増員した。5月には国防会議を招集し，日米安保体制に依拠した「国防の基本方針」「防衛力整備目標」（いわゆる「一次防」）を6月に策定した。これは，安保条約の改定をめざした対米外交への布石でもあった。

　アメリカは，経済力の向上した日本に対し，中ソを対象とする反共包囲網を形成するため，アジア諸国への応分の経済援助を求めた。そのため，アメリカだけが防衛義務を負っている片務的な日米安保条約を改定し，日本に対して相互援助と集団的自衛能力の強化の義務を課し，集団的自衛権の適応範囲を太平洋地域に拡大することを望んだ。岸首相の政治目標はもともと憲法改正であったが，アメリカの要望に対応し，安保条約を改定して日本の自立をはかり，憲法改正と自前の再軍備に突き進むことになった。

　安保改定をめざす岸内閣は，国内の治安対策の強化をはかり，平和運動の中心であった日教組をおさえこむため，教員に対す

1　55年体制の成立　93

◀警職法反対運動 東京の有楽町での光景, 1958〈昭和33〉年11月4日。(毎日新聞社提供)

る勤務評定(勤評)を実施しようとした。勤評そのものは1956(昭和31)年に愛媛県で実施され, しだいに各県の教育委員会に広がりつつあったが, 日教組は勤評に対して, 教職員の団結を破壊し, 教育の統制を強化するものだと強く反対した。岸内閣は, 勤評を全国的に実施しようとしたが, 大規模な反対闘争が展開され, 多くの学者や文化人も反対に加わった。

また, 1958(昭和33)年10月には「警察官職務執行法(警職法)」の改正案を国会に提出した。警官の職務執行上の権限の拡大をねらったもので, 令状なしでも職務質問や所持品調べができ, 土地建物への立ち入り調査をできるようにした。警職法のねらいは, 労働組合運動や大衆運動の弾圧にあったため, 憲法の保障する基本的人権を侵害するおそれがあるとして, 広範な国民各層の反対運動を引きおこした。創刊したばかりの『週刊明星』は, 「またコワくなる警察官 デートも邪魔する警職法」という記事を載せ, 公園での不審尋問や旅館での臨検がおこなわれるようになると訴えた。

警職法は成立をみなかったが, 岸首相らは渡米して, 1960(昭和35)年1月, ワシントンで「日米相互協力及び安全保障条約(新安保条約)」などに調印した。新安保条約では,「極東の平和と安全」への「脅威」に対して日米両国が協力するため, アメリカ軍の日本駐留の継続, 日米の共同作戦, 日本の軍備増強などが約束された。また, 条約付属文書で, 在日アメリカ軍の日本

▶安保闘争の新聞記事（毎日新聞，1960〈昭和35〉年6月16日）

　および「極東」での軍事行動に関する「事前協議」が定められた。こうして日本は，アメリカとの軍事的結びつきを基本とし，政治的にも経済的にもアメリカの陣営に深く組み込まれることになった。

　革新勢力は，新安保条約によって日本が戦争に巻き込まれる危険が増大すると主張し，安保改定反対運動を組織した。政府・与党が，1960（昭和35）年5月に警官隊を導入した衆議院で条約批准の採決を強行すると，反対運動は「民主主義の擁護」を叫んで一挙に高揚した。安保改定阻止国民会議を指導部とする社共両党，総評などの革新勢力や全学連（全日本学生自治会総連合）の学生，それに多数の一般市民が参加した巨大なデモ隊が連日国会を取り巻き，6月には警官隊と衝突して東京大学の学生 樺 美智子が死亡した（60年安保闘争）。このため，予定されていたアメリカのアイゼンハワー大統領の訪日は中止された。しかし，新安保条約の批准は参議院の議決を経ないまま自然成立し，岸内閣は条約の発効を見届けて総辞職した。

2　高度経済成長と保守政権の安定

池田勇人内閣と所得倍増計画

　「55年体制」が発足した1955(昭和30)年は，高度経済成長の起点でもあった。この年に1人あたりＧＮＰ(国民総生産)が戦前の水準を回復し，1973(昭和48)年の第1次石油危機にいたるまで，日本経済は年平均10％前後の実質経済成長率を記録した。「黄金の60年代」といわれるように，1960年代には欧米諸国も高い成長率を実現したが，日本はその2〜3倍の成長率を記録し，1968(昭和43)年には西ドイツを抜いて，アメリカにつぐ資本主義世界第2位の経済大国となった。

　深刻な不況下にあった日本経済は，1955(昭和30)年にはアメリカの景気回復を背景に輸出が急増して国際収支の改善が進み，景気は上向きに転じた。しかも金融緩和が進み，物価は安定していた。1956(昭和31)年度の『経済白書』は，これを「数量景気」と名づけ，これまで特需に依存して成り立っていた日本経済もようやく安定軌道に乗ったとして，「もはや『戦後』ではない。われわれはいまや異つた事態に当面しようとしている。回復を通じての成長は終つた。今後の成長は近代化によって支えられ

◀経済指標が戦前をこえた年

	1955年の水準 (1934〜36年=100)	戦前水準に達した年	戦前水準の2倍になった年
※実質国民総生産	136	1951年	1960年
工業生産	158	1951年	1957年
農業生産	148	1949年	1967年
輸出数量	75	1959年	1964年
輸入数量	94	1957年	1961年
※一人あたり実質国民総生産	105	1955年	1960年
※同個人消費	114	1953年	1965年
同工業生産	122	1953年	1960年
同農業生産	115	1952年	無

1) ※印は会計年度，その他は暦年。
2) 農業生産は林業・水産業をふくまない。

る」と述べた。

　『経済白書』が予測したように，1956（昭和31）年の半ばから1957（昭和32）年の前半にかけて，技術革新をともなった設備投資ブームが到来し，景気は拡大した。この大型景気は，有史以来の好景気という意味で「神武景気」と名づけられた。神武景気は，1956（昭和31）年10月に勃発したスエズ戦争（第2次中東戦争）によってスエズ運河が封鎖されると，終息に向かった。国際商品相場や海上運賃が上昇したため，日本では投機的な輸入がふえ，外貨準備が急激に減少した。外貨危機を切り抜けるために，政府が金融引き締め政策に転じると，景気に陰りがみえるようになった。

　神武景気が終息すると，1957（昭和32）年後半から1958（昭和33）年半ばにかけて不況が訪れた。投資は収縮したが，堅調な個人消費が景気を下支えし，鋭角的には落ち込まなかったので「なべ底不況」とよばれた。家庭電気機器の普及を中心に消費革命がはじまり，景気は1958（昭和33）年の秋から急速に回復し，民間設備投資が急伸した。この好況は1961（昭和36）年まで持続し，神武景気よりも大型だったので，天の岩戸伝説にちなんで「岩戸景気」とよばれた。

　こうしたなかで，1960（昭和35）年7月，岸内閣の後継として池田勇人内閣が誕生した。池田首相は，大蔵事務次官から政界入りした政治家で，初当選にもかかわらず1949（昭和24）年2月に第3次吉田茂内閣の大蔵大臣に抜擢され，のちに首相となる佐藤栄作らとともに「吉田学校」の優等生といわれた。鳩山一郎や岸信介のように憲法改正に積極的ではなく，むしろ新憲法の諸条項が戦後日本の経済発展に有効であるとみていた。そのため憲法改正ではなく，経済成長こそが第一に取り組むべき政策課題であると考えていた。

　岸内閣も1957（昭和32）年12月に「新長期経済計画」を策定し，経済成長を構想していたが，それよりも安全保障や憲法改正の方を優先していた。これに対して，池田首相は経済政策を重視

2　高度経済成長と保守政権の安定　97

国民所得倍増計画の構想[1]

(1) 計画の目的
　国民所得倍増計画は，速やかに国民総生産[2]を倍増して，雇用の増大による完全雇用の達成をはかり，国民の生活水準を大幅に引き上げることを目的とするものでなければならない。この場合とくに農業と非農業間，大企業と中小企業間，地域相互間ならびに所得階層間に存在する生活上および所得上の格差の是正につとめ，もって国民経済と国民生活の均衡ある発展を期さなければならない。

(2) 計画の目標
　国民所得倍増計画は，今後十年以内に国民総生産二六兆円(三十三年度価格)に到達することを目標とするが，これを達成するため，計画の前半期において，技術革新の急速な進展，豊富な労働力の存在など成長を支える極めて強い要因の存在にかんがみ，適切な政策の運営と国民各位の協力により計画当初三ヵ年について三十五年度一三兆六〇〇〇億円(三十三年度価格一三兆円)から年平均九％の経済成長を達成し，昭和三十八年度に一七兆六〇〇〇億円(三十五年度価格)の実現を期する。

(3) 計画実施上とくに留意すべき諸点とその対策の方向
　　(イ) 農業近代化の増進[3] ……　(ロ) 中小企業の近代化[4] ……　(ハ) 後進地域の開発促進[5] ……　(ニ) 産業の適正配置の推進と公共投資の地域別配分の再検討 ……　(ホ) 世界経済の発展に対する積極的協力 ……

(国民所得倍増計画)

[1]1960(昭和35)年12月27日閣議決定。安保闘争後，財界の支持を受けて登場した池田勇人内閣の新政策で，政治の争点を安保から経済に転換させた。　[2]国民経済が1年間に生産した財貨とサービスの総額をいう。ＧＮＰ。　[3]これにもとづいて，翌1961(昭和36)年6月，農業基本法が公布された。　[4]これにもとづいて，1963(昭和38)年7月，中小企業基本法が公布された。　[5]1962(昭和37)年10月，全国総合開発計画を閣議決定した。

し，首相就任前の1959(昭和34)年からケインズ流の経済成長論を根拠に「月給2倍論」をとなえ，首相就任後にはかねてから高度経済成長論を展開していた日本開発銀行の理事であった下村治＊の意見を取り入れ，1960(昭和35)年9月に年率9％の経済成長をめざすという新政策を発表した。そして，同年11月に経済審議会が国民所得倍増を目標に経済計画を答申すると，同年12月に「国民所得倍増計画」を閣議決定した。
　＊下村治　大蔵官僚，官庁エコノミストで，1956(昭和31)年に

98　第3章　高度成長の時代

『経済変動の乗数分析』により経済学博士号を取得。池田内閣の国民所得倍増計画の立案に中心的な役割を担い，日本の高度経済成長のメカニズムを体系づけた。第1次石油危機後は，ゼロ成長論者となる。

　池田内閣は，「政治の季節」から「経済の季節」への政策転換をかかげて1960（昭和35）年11月に総選挙を実施した。安保闘争の影響で自由民主党の議席は減少し，日本社会党の議席が増加するであろうと予測されていたが，結果は自由民主党の圧勝で296議席を獲得し，日本社会党は145議席にとどまった。
　所得倍増計画は，太平洋ベルト地帯に工業を集中させ，農村から大量の労働力を吸引し，政府資金を積極的に投入して社会資本を充実させ，向う10年間に国民総生産（GNP）を倍増させて完全雇用を実現するという計画であった。GNPの成長率は，当初は年率7.2％，後半は9％と見込まれていた。しかし，実際には計画をはるかに上まわる速度で経済成長が進行し，実質国民総生産は約6年で，1人あたり実質国民所得は約7年で倍増を達成した。

高度成長のメカニズム

　急激な経済成長にともなって，日本の産業構造は大転換をとげた。第1次産業の比重が下がって，第2次・第3次産業の比重が上昇し，産業構造に占める製造業の地位が高まった。製造業の産業構造全体に占める割合は，1955（昭和30）年には約28％であったが，1959（昭和34）年には約32％，65（昭和40）年には約33％，70（昭和45）年には約35％となった。とくに付加価値生産性*の高い金属工業，化学工業，機械工業といった，重化学工業の比重が高まった。付加価値生産の推移をみると，1960（昭和35）年の機械工業の付加価値は1955（昭和30）年の3.8倍に増加し，金属工業，化学工業がそれについで増加したが，繊維産業は1.6倍，食品産業は1.7倍にとどまった。
　＊付加価値生産性　企業活動（生産，販売）の過程で新たに付け

	1955年	1960年	1970年
第1次産業	19.2	12.8	5.9
第2次産業	33.8	40.8	43.2
鉱業	1.9	1.5	0.8
製造業	27.5	33.8	34.9
建設業	4.4	5.5	7.5
第3次産業	47.0	46.6	50.9
卸売・小売業	10.3	11.4	13.9
金融・保険業	3.9	3.5	4.1
不動産業	5.4	7.4	7.8
運輸・通信業	7.0	7.3	6.7
サービス業	9.8	7.4	9.3
政府サービス	7.4	6.2	6.1
その他	3.2	3.4	3.0
合計	100.0	100.0	100.0

◀産業構造の変化

出典：経済企画庁『戦後日本経済の軌跡』1997年。

　　加えられた価値を付加価値といい，売上高から原料費（仕入原価）と減価償却費を差し引いたもので，人件費，利子，利潤の合計に等しい。付加価値生産性は，労働者の1人あたりの付加価値額をいう。

　製造業における製品構成も急速に変化した。当初は繊維製品，しかも綿製品などの天然繊維によるものや雑貨のウェイトが高かったが，しだいに鉄鋼製品・船舶などの重厚長大型の重化学工業製品のウェイトが高まり，機械・電子機器などで輸出が伸びた。

　すでに，京浜，中京，阪神の三大都市圏ではコンビナートが建設されていたので，政府は1962（昭和37）年に全国総合開発計画（第1次全総）を策定し，地方の開発拠点としてさらに23カ所の新産業都市を指定しようとした。激しい陳情合戦がくり広げられ，結果的に道央，八戸，仙台湾，常磐・郡山，新潟，富山・高岡，松本・諏訪，岡山県南，徳島，東予，大分，日向・延岡，不知火・有明・大牟田，秋田湾，中海（鳥取・島根）の15カ所が指定され，さらに準新産業都市といわれる工業整備特別地域として鹿島，東駿河湾，東三河，播磨，備後，周南の6カ所がつけ加えられた。

　第1次全総は，資本と人口を分散させることによって，都市

100　第3章　高度成長の時代

▶三池炭鉱労組，無期限ストに突入（1960〈昭和35〉年1月25日） 前年の1959（昭和34）年12月に三井鉱山が打ち出した1278人の指名解雇に反対。282日間におよぶ大争議の幕開けとなった。写真は21日の集会。（毎日新聞社提供）

▶エネルギー転換

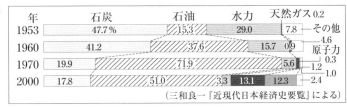

年	石炭	石油	水力	天然ガス	その他
1953	47.7%	15.3	29.0	0.2	7.8
1960	41.2	37.6	15.7	0.9	4.6 原子力
1970	19.9	71.9	5.6	0.3	1.2 1.0
2000	17.8	51.0	3.3	13.1	12.3 2.4

（三和良一『近現代日本経済史要覧』による）

問題と地域格差を解消し，拠点地域の住民福祉を向上させようとしていた。しかし，現実には，鉄鋼・石油コンビナートを誘致できたのは岡山県南，大分，鹿島などにとどまり，1960年代を通じて三大都市圏への資本と人口の集中が進み，上下水道や学校など拠点都市の環境整備もそれほどは進まず，地域格差を解消することはできなかった。

　高度成長期には，石炭から石油へのエネルギー転換が急速に進んだ。石炭産業の斜陽化が深刻になるなか，1960（昭和35）年には三井鉱山三池炭鉱で，大量解雇に反対する激しい労働争議が300日近くにわたって展開され（三池争議），革新勢力が支援したが，労働側の敗北に終わった。以後，九州や北海道で炭鉱の閉山が進み，中東の産油国から輸入する安価な石油が高度経済成長を支えるエネルギーとなった。

　このような高度成長は，技術革新と民間企業の旺盛な設備投資によって支えられていた。鉄鋼業では，1950年代前半には圧

年	重化学工業			軽工業		(単位：%)
	金属	機械	化学	食品	繊維	その他
1955	金属 17.0	機械 14.7	化学 12.9	食品 17.9	繊維 17.5	その他 20.0
1960	18.8	25.8	11.8	12.4	12.3	18.9
1970	19.3	32.3	10.6	10.4	7.7	19.7
1980	17.1	31.8	15.5	10.5	5.2	19.9
1990	13.8	43.1	9.7	10.2	3.9	19.3

◀重化学工業
の発展

（矢野恒太記念会編『日本国勢図会』1990年版・1999/2000年版・2007/08年版
などによる）

延部門の近代化，平炉の大型化が進められたが，八幡製鉄が
1957（昭和32）年に，日本鋼管が1958（昭和33）年に生産効率の高
いＬＤ転炉＊を導入すると，日本の製鉄会社はつぎからつぎへ
とＬＤ転炉を導入し，高炉の大型化を実現した。アメリカのＵ
Ｓスティール＊＊が導入したのは1963（昭和38）年であったから，
５年ほど先んじていたことになる。

> ＊ＬＤ転炉　高圧の酸素を炉内に吹き込んで製鋼する転炉で，
> 純酸素上吹転炉ともいう。窒素などの不純物がのぞかれ生産
> 効率が高い。開発されたのがオーストリアのリンツ（Linz）とド
> ナウィッツ（Donawitz）の両工場であったことからＬＤ転炉と
> よばれた。

> ＊＊ＵＳスチール　J. P. モルガンは，1900年に当時最大規模を
> 誇ったカーネーギー製鋼を買収した。これを中心に，翌1901
> 年にその他８社が大合同して設立された，アメリカ最大の鉄
> 鋼会社。

　鉄鋼業の技術革新によって薄板価格が低下し品質が向上すれ
ば，洗濯機やテレビなどの家電製品や自動車などの品質や価格
にも反映される。そうすると，家電製品や自動車の需要が拡大
するので，そうした産業の生産力増強のための設備投資が必要
になる。こうして，家電製品や自動車の生産工場で使用する機
械の需要が生まれ，機械産業の発展をうながすことになる。ま
た，自動車の生産が拡大すれば，ゴムタイヤや合成樹脂など，
まったく新しい素材に対する需要が発生するとともに，ガソリ
ン需要が高まるので，石油産業の設備投資をも刺激する。
　以上のような各産業の旺盛な設備投資は，もとにもどって高

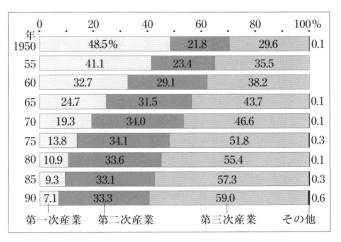

▶産業別15歳以上の就業者数の変化
（総務省統計局『国勢調査報告』より）

炉の大型化，銑鋼一貫の臨海工場の建設など，鉄鋼業におけるいっそうの設備投資を引きおこす。こうした諸産業間の設備投資の連鎖を，1960（昭和35）年の『経済白書』は「投資が投資をよぶ」と表現した。

　重化学工業の育成には，政府の産業政策も有効であった。通産省は設備投資に対し，租税特別措置による特別償却，税の減免を実施し，各種の補助金も交付した。また，日本開発銀行は電力，鉄鋼，造船，肥料などの産業に，長期で低利の資金を提供し，金融面で重化学工業の発展を支えた。

農業と中小企業の近代化

　池田首相は，内閣総理大臣就任直後に新政策を発表し，農業人口を6割削減すると述べた。急成長する工業部門に，労働力を農村から供給する必要があったからである。

　1961（昭和36）年6月には農業基本法が公布され，農業生産の拡大と生産性の向上，農家経営の合理化がめざされ，農業構造改善事業に多額の補助金が支給された。これを実現するためには，農家1戸あたりの経営面積を拡大する必要があったが，それには手がつけられなかった。そのため，経営規模の零細な農

◀農業の機械化　耕耘機による農作業の講習を受ける農民たち。(毎日新聞社提供)

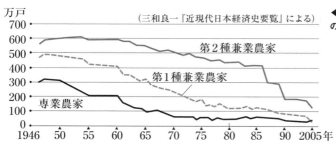

◀専業・兼業別農家数の推移

家が多数残存するなかで、若年労働力が都市に流出することになった。

　同時に、耕耘機や小型トラクターが普及して機械化・省力化が進み、兼業農家が増加した。兼業農家のうち農外収入を主とする第2種兼業農家の比率は、1970(昭和45)年には約50％に達した。父親が働きに出て、農業は祖父母(爺ちゃん、婆ちゃん)と母親(母ちゃん)がおこなうという農家がふえ、「三ちゃん農業」とよばれた。農業人口の就業人口に占める比率は、1955(昭和30)年には4割強であったが、1970(昭和45)年には2割を割り込んだ。

　この間、食糧管理制度と農業協同組合(農協)の圧力により米価が政策的に引き上げられたばかりでなく、農外所得もふえたので農家所得は増加した。食糧管理制度のもとでは、政府が

主食である米を農家の生産費を補償する価格(生産者米価)ですべて買い上げ，消費者により安い価格(消費者米価)で販売していたので，農家は米づくりに依存するようになった。

一方，食生活が変化して米需要が減少したため，米の供給が過剰となった。そこで，1969(昭和44)年から減反政策がはじまり，米の作付面積が制限されるようになった。

中小企業は，資金調達，製品の販売，原材料の仕入れなどの面で，大企業よりも不利な立場にあり，不況期にはしばしば景気の調整弁としての役割を担わされてきた。また，低賃金・長時間労働を特徴とし，敗戦直後から1950年代末まではもっぱら過剰労働力を吸収してきた。

しかし，1963(昭和38)年には中小企業近代化促進法および中小企業基本法が制定され，中小企業の生産性の向上や近代化がはかられた。また，中小企業金融公庫による長期金融も中小企業の発展を促進させた。近代化をとげた中小企業は，高度成長のなかで労働力不足に直面し，1959(昭和34)年ころから大企業との間の賃金格差は縮小に向った。また，中小企業のなかには，設備・経営管理などで単なる大企業の下請けにとどまらない部品メーカーなどに成長するものもあらわれ，中堅企業とよばれるようになった。

こうして中小企業の労働者や農民の所得が増加し，大企業と中小企業間，工業と農業間のいわゆる「二重構造」は解消に向った。低賃金労働者と貧しい農村という戦前期の特徴は大幅に改善され，国内市場が拡大していったのである。

生産性向上運動と日本的経営

経済団体連合会(経団連)，日本経営者団体連盟(日経連)，日本商工会議所(日商)，経済同友会の財界諸団体は，アメリカを中心に世界的に広がっていた生産性向上運動を日本で推進するため，アメリカの資金援助を受けて1954(昭和29)年に日米生産性増強委員会(のち日本生産性協議会と改称)を設立した。そ

2 高度経済成長と保守政権の安定　105

して，翌1955(昭和30)年には政府の援助を受けて社団法人日本
生産性本部が設立された。

　日本生産性本部は，①雇用の維持・拡大，②労使の協力と協
議，③成果の公正な分配という生産性3原則をかかげ，無欠点
(ＺＤ)運動*や品質管理(ＱＣサークル)運動**など，小集団活
動に代表される生産性向上運動を推進した。また，生産性視察
団がしばしば先進国のアメリカを訪れ，さまざまな先進技術を
導入した。それは，生産過程に直接かかわるものばかりでなく，
品質管理や労務管理，さらには流通・販売の分野にまで及んだ。
しかも導入後は，日本の条件にあわせて独自の改良が施され，
終身雇用・年功序列型賃金・労使協調を特徴とする日本的経営
が成立した。こうして，低コスト・高品質の大量生産体制が整
備され，日本製品の海外輸出が増加した。

　　＊無欠点(ＺＤ)運動　生産性向上運動の一種。従業員自身の創
　　　意と工夫によって仕事の欠陥をゼロにし，製品及びサービス
　　　の信頼性を高めるための活動(ZD〔zero deffects〕計画)。

　　＊＊品質管理(ＱＣサークル)運動　同一職場内で，自発的に小
　　　グループでおこなう品質管理運動(Quality Control)。製造現場
　　　からはじまったが，今日では営業・企画・開発・総務・経理
　　　などの非製造部門をもふくめた全社的なＴＱＣ運動(Total
　　　Quality Control)として定着している。

　この間，国民の所得水準は全般的に上昇した。工業部門では，
技術革新による労働生産性の向上，若年層を中心とする労働者
不足，春闘方式を導入した労働運動の展開などによって労働
者の賃金が上昇した。春闘方式とは，総評を指導部とし，各産
業の労働組合が一斉に賃上げを要求する労働運動の形態で，
1955(昭和30)年からはじまった。

　また，三井・三菱・住友・富士・三和・第一勧銀などの都市
銀行が，系列企業への融資を通じて企業集団を形成した(六大
企業集団)。企業集団は，銀行の系列企業への融資のほか，系
列企業同士の株式の相互持合いや恒常的な取引などを通じて
結束を強め，主要産業部門を網羅する「ワンセット主義」をとり，

競って新分野に参入した。同時に大企業は，それぞれ関連部門や下請けなど膨大な中小企業群を支配下におさめた。

国民皆保険・皆年金制度の成立

　日本の財政規模は1950年代に低下し，60年代にはその低い水準が維持されていた。その意味で高度成長期の日本は「小さな政府」であったといえるが，その要因として軍事費と社会保障費が少なかったという点をあげることができる。

　戦前期の1934（昭和9）年から1936（昭和11）年にかけて，軍事費は歳出の46.2％を占めていたが，1960（昭和35）年の防衛関係費は9.4％にすぎなかった。また，社会保障関係費の比率もきわめて小さかった。

　社会保険のうち，医療保険には民間企業の雇用者を対象とする健康保険，公務員などを加入者とする共済組合，農家や自営業者，その他一般国民のための国民健康保険があり，1958（昭和33）年の国民健康保険法の改正で，だれもがどれかの医療保険に加入する国民皆保険の体制が1961（昭和36）年から整備された。

　年金保険については，すでに戦時期の1944（昭和19）年に，民間企業の従業員を対象にした厚生年金制度が発足していた。1942（昭和17）年に開始された労働者年金保険制度を継承したものであるが，高度成長期には企業，従業員ともに加入者が急増した。しかも，年金積立金の拠出者の平均年齢が若かったので，厚生年金の積立金は巨額となり，資金運用部預託の財政投融資の財源となった。

　公務員や公社・私立学校などの従業員については，それぞれの共済年金制度が充実していて，1959（昭和34）年11月にはそれまで公的年金制度が存在しなかった農林漁業従事者や自営業者のために国民年金法が施行され，国民年金特別会計の設置による年金制度が導入された。

　そして，1961（昭和36）年には，国民年金保険と国民健康保険

の保険料の徴収が実施されるとともに，高齢のため年金の受給に必要な加入期間を満たせなかった人のために，一般会計からのくり入れによる福祉年金制度が加えられた。こうして高度成長期に，国民の所得水準の上昇，政府財政の好調を背景に，国民皆保険および皆年金制度が実現したのである。

部　門		主な制度　（　）内は対象者
社会保険 国民の疾病・老齢・失業・労働災害などの事故について，現金・サービスなどの給付をおこなって，その生活を保障する。主として加入者の保険料で負担。	医療	**健康保険**（一般民間被用者） **船員保険**（船員） **国民健康保険**（自営業者など） **各種共済組合**（公務員，JR職員，私立学校職員など）
	年金	**国民年金**（全国民に基礎年金として） **厚生年金**（船員含む一般民間被用者） **共済年金**（公務員，JR職員，私立学校教職員など）
	その他	**雇用保険**（一般民間被用者） **労働者災害補償保険**（　〃　） **介護保険**（要介護認定者）
公的扶助 健康で文化的な最低限度の生活を維持するだけの所得のない者に不足分を給付する。全額公費負担。		**生活保護**（生活困窮者）
社会福祉 老人や心身障害者・保護者のない児童などの生活を支援するため，施設・サービスを提供する。全額公費負担。		**老人福祉**（老齢者） **身体障害者福祉**（身体障害者） **知的障害者福祉**（知的障害者） **児童福祉** **母子福祉**｝（児童・母子世帯） **児童手当**（一般国民・所得制限）
公衆衛生 公共的な衛生管理，生活環境の整備などにより，国民の健康維持・増進をはかる。全額公費負担。	医療	**結核予防** **予防接種** **伝染病予防**｝（一般国民） **精神衛生**
	環境	**上下水道** **廃棄物処理・清掃**

▲日本の社会保障の体系

3　高度成長の転換と長期安定政権

加速する高度成長

　池田首相は，1964(昭和39)年8月から喉の痛みを訴え，東京オリンピックが閉幕した翌日の10月25日に辞意を表明した。後継首相には佐藤栄作が選ばれ，1964(昭和39)年11月に組閣した。以後，佐藤内閣は1972(昭和47)年7月まで，7年8カ月にわたる長期安定政権となった。

　佐藤首相は，発足後1年ほどの間に日韓基本条約の調印と批准，ＩＬＯ87号条約の批准，農地報償法*の成立など，長年の懸案を日本社会党などの反対を押し切って，強行採決など強引な方法で実行した。1967(昭和42)年1月の総選挙では，衆議院議員の定数が19人ふえたが，公明党が25議席，民社党が30議席，日本共産党が14議席を獲得し，いわゆる多党化が進んだ。自由民主党は7議席を減らしたとはいえ，277議席を確保した。なお，日本社会党も4議席ほど減らした。

　　＊農地報償法　旧地主のなかから農地改革を違法とする訴えがあったが，最高裁判所が1953(昭和28)年に合憲とする判決を出すと，国家補償が求められた。その結果，1965(昭和40)年に農地報償法が制定され，旧地主に給付金を支給することになった。

　佐藤首相は，池田内閣の高度成長政策のひずみを批判し，「所得倍増」にかえて「社会開発**」をかかげ，極端な経済開発のひずみを是正し，急激な社会変動に対処する社会的施策を充実させると述べた。しかし発足早々，高度成長はじまって以来の最大の不況といわれる「1965年不況」にみまわれた。東京オリンピック閉幕後，日本経済は1964(昭和39)年11月から1965(昭和40)年10月まで，ほぼ1年間にわたる深刻な不況におちいったのである。

　　＊＊社会開発　佐藤栄作首相がかかげた，高度経済成長によって生じたひずみを解決するための政策の総称。具体的には住

3　高度成長の転換と長期安定政権　109

宅，生活環境施設等社会資本の整備，地域開発の促進，社会保障の拡充など。また，教育の振興などに取り組み，高度の福祉国家を実現するとした。

この不況は，国際収支が好調で，設備投資も増加していながら企業収益が悪化するという現象で，「マクロ好況・ミクロ不況＊＊＊」ともいわれた。システムキッチンやシステムバスなどの量産化に成功し経営発展をつづけていたサンウェーブが過剰設備・過剰生産におちいり，1964（昭和39）年12月に会社更生法の適用を受け経営破綻した。翌1965（昭和40）年3月には山陽特殊製鋼が過剰設備投資により480億円の負債をかかえて倒産，5月には大手証券会社の山一證券が100億円の赤字を出して事実上倒産した。金融機関の倒産が及ぼす影響の大きさを心配した政府は，日本銀行に1965（昭和40）年6月まで234億円の特別融資をおこなわせて山一證券を救済した。

＊＊＊マクロ好況・ミクロ不況　民間設備投資も経済成長率も高い水準にあったが，過剰設備と労働力不足が生じたため設備稼動率が低下し，企業収益が悪化した。そのため，「マクロ好況・ミクロ不況」とよばれた。

佐藤内閣は，公共事業の拡大と赤字国債の発行で不況に対処した。1965（昭和40）年6月から公共事業や財政投融資をくり上げて実施するとともに，減税と赤字国債の発行に踏み切った。戦時期に国債を発行して戦費にあてたことへの反省から，1947（昭和22）年3月に公布された財政法は，国が赤字国債を発行したり，借金をしたりすることを禁じていた。そのため，例外的に赤字国債の発行を認める財政処理特別措置法＊＊＊＊を成立させ，1966（昭和41）年1月に2590億円の赤字国債を発行したのである。赤字国債の発行は，ドッジラインのもとで財政均衡を方針としてかかげてからははじめてのことであった。

＊＊＊＊財政処理特別措置法　赤字国債を発行するため，1966（昭和41）年1月に制定された最初の特例公債法。1965（昭和40）年度の租税収入の「異常な減少」に対処するため，「国会の議決

110　第3章　高度成長の時代

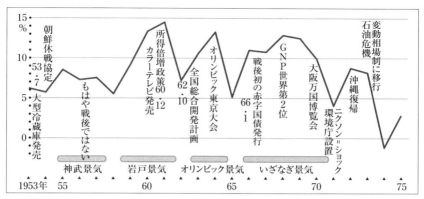

▲経済成長率の推移

を経た金額の範囲内で」赤字国債を発行できるようにした。

　赤字国債の発行につづいて，福田赳夫蔵相のもとで編成された1966(昭和41)年度予算は，景気刺激策として7300億円の国債発行と3000億円余りの減税が盛り込まれていた。その結果，日本は「1965年不況」を乗り切り，1970(昭和45)年7月まで57カ月という長期の「いざなぎ景気」が到来し，5年間にもわたって実質経済成長率が10％をこえた。佐藤首相は池田内閣の高度成長政策を批判し，社会開発と安定成長をそれにかわるものと対置していたが，皮肉にも池田内閣の時代をしのぐ高度成長を実現することになった。また，国債残高も増加し，健全財政をいちじるしく損なうことになった。

　いざなぎ景気を支えたのは，鉄鋼，自動車，テレビなどの重工業・電機産業の製品の輸出であった。日本企業は，技術革新によって，国際競争力のあるすぐれた製品をつくり出したのである。なお，輸出の拡大には，ベトナム戦争による特需や，それに関連したアメリカや関係諸国への間接特需も貢献した。

　国際収支は，輸出の好調によって1968(昭和43)年度から経常収支で10億ドル以上の黒字に転じ，それ以後もつづいた。また，国民総生産では1968(昭和43)年に西ドイツを抜いて世界第2位となったが，1人あたりの国民所得ではまだ世界第20位程度にすぎず，この格差を問題にした『朝日新聞』は，1970(昭和45)年

の5月から9月にかけて「くたばれGNP」の記事を連載した。

経済の国際化

　日本は欧米諸国に比べて立ち遅れている国内産業を保護するために輸入制限をおこなっていたが，経済発展とともにアメリカなどの先進国から貿易と為替の自由化を要求された。池田内閣は，国内産業が設備の更新と拡張で競争力をそなえてきていたので，1963（昭和38）年2月にGATT11条国（国際収支上の理由で輸入制限をすることができない），1964（昭和39）年4月にはIMF8条国（貿易支払いや資本移動に対する制限が禁止される）に移行するとともに，ＯＥＣＤ（経済協力開発機構）に加盟した。

　ＯＥＣＤへの加盟にともない，日本企業は資本の自由化をせまられ，1967（昭和42）年7月に第1次資本自由化が実施された。そして，以後資本の自由化は，1969（昭和44）年3月（第2次），1970（昭和45）年9月（第3次），1971（昭和46）年8月（第4次）と段階を追って進められた。

　資本自由化の業種選定では，鉄鋼，オートバイなど国際競争力をそなえた部門を優先させた。また，海外からの批判をかわすために流通業や中小企業の業種を先行させて実施し，大企業を中心とする戦略部門の自由化を遅らせた。時間をかせぎ，その間に官民一体の支援体制を整備・構築しようとしたのである。

　国際競争力をつけるため，1960年代半ばから過度経済力集中排除法によって3社に分割された三菱重工業の再合併（1964年），神戸製鋼所と尼崎製鉄の合併（1965年），東洋紡績による呉羽紡績の吸収合併（1966年），日産自動車とプリンス自動車工業の合併（1966年）など，大型合併があいついだ。公正取引委員会は独占禁止法を盾に抵抗したが，財界や政府は過当競争を排除して企業規模を適正化し，国際競争力をつけるためにはやむをえないとし，独占禁止法の弾力的運用をせまった。通産省は，1966（昭和41）年11月，独占禁止法の適用には市場占有率や企業規模

▶八幡製鉄と富士製鉄が「大型合併」 1968（昭和43）年4月，稲山嘉寛八幡製鉄社長（左）と永野重雄富士製鉄社長（右）が公正取引委員会で合併について説明した。（朝日新聞社提供）

の順位だけでなく，競争企業との事業能力の比較，代替品，輸入品との競争関係なども考慮することを求めた。

　1968（昭和43）年4月，八幡製鉄と富士製鉄は公取委に合併の事前相談をおこなった。業界1位と2位の大企業の合併で，実現すれば20品目余りでシェアが30％をこえることになり，当初，公取委は合併に難色を示した。合併の是非をめぐって学会をも巻き込む大論争がおこなわれたが，1969（昭和44）年10月には公取委も合併に同意し，1970（昭和45）年3月に新日本製鉄が誕生した。同社は，アメリカのUSスティールにつぐ世界第2位の粗鋼生産高を有する鉄鋼メーカーとなった。資本自由化のなかで，国際的な競争に打ち勝つためならば，独占禁止法は二の次でもよいという論理がまかり通るようになった。

　経済援助とよばれる日本の海外投資は，1964（昭和39）～65（昭和40）年を境に増加しつづけ，1960年代前半には5億ドル程度であったが，1969（昭和44）年には13億ドルとなった。また，経済援助の対象地域もインドなど南アジアから，東アジア，東南アジアへと重点を移した。

　1965（昭和40）年6月に日韓基本条約が結ばれ，無償3億ドル，有償2億ドル（年利3.5％，20年償還，7年据え置き）の経済協力を約束し，さらに3億ドル以上の民間協力が期待されていた。さらに，インドネシアでクーデタがおき，1967年9月に親米的

3　高度成長の転換と長期安定政権　113

なスハルト政権が誕生すると，インドネシアへの援助がふえた。1960年代後半には，台湾，タイ，マレーシア，インドネシアへの円借款（えんしゃっかん）が急増し，橋梁，港湾設備，鉄道，ダム建設など，インフラストラクチャーの拡充にあてられた。

　対外援助が急増したのは，日本の輸出がふえ，国際収支が黒字基調となり，外貨に余裕が生まれたからであった。1968（昭和43）年の経常収支は10億4800万ドルの黒字となった。

　民間直接投資も，三井物産，三菱商事，伊藤忠商事，丸紅（まるべに），トーメン，日商岩井（にっしょういわい），住友商事，日棉実業（にちめん）など大手商社主導のもとに活発となり，1965（昭和40）年には197件・1億5900万ドルであったのが，1970（昭和45）年には730件・9億400万ドルに急増した。政府借款によるインフラストラクチャーの拡充，総合商社の進出による投資環境の整備によって，1972（昭和47）年以降の爆発的な海外進出ブームがおこるのであった。

地域開発の進展

　1965（昭和40）年10月に開催された第63回国土総合開発審議会は，「人口，産業等の大都市圏への集中は依然として続き，過密の弊害は一層深刻化している一方，急激な人口流出をみた後進地域においては，いわゆる過疎問題を生じている」と述べ，新たな対応策を要望した。全総の策定から4年，新産業都市の指定から2年しかたっていないが，早くも見直しがせまられることになった。

　1969（昭和44）年5月に新全国総合開発計画が閣議決定された。それによれば，経済の高度成長が史上まれにみる速さで進行しており，そのため地域経済社会が急激に変化し，過密・過疎問題がますます深刻となった。そこで，その解決の道を「土地利用の抜本的な再編成」に求め，①長期にわたる人間と自然の調和，自然の恒久的保護と保存，②開発の基礎的条件整備による開発可能性の全国土への拡大と均衡化，③地域特性を活かした開発整備による国土利用・再編効率化，④安全，快適，文化的

環境条件の整備という基本目標を設定した。

　新全総は，①交通・通信のネットワーク，②産業開発の大規模プロジェクト，③環境保全のプロジェクトからなっていた。しかし，現実には新幹線や高速道路の建設，新産業都市の誘致などに政治家が暗躍し，環境保全を無視した開発競争がくり広げられ，国土が破壊されていった。

　新全総は高度成長政策を抜本的に見直したものではなく，いっそうの高度成長をめざしたものであった。そのため1970（昭和45）〜71（昭和46）年の公害関連法の整備の過程で抜本的に見直され，大規模プロジェクトが姿を消し，環境問題への対応，地方中核都市の整備などが重視され，緊急を要する課題として，新幹線，東京湾岸道路，本四架橋，青函トンネル，関西国際空港など，全国的交通ネットワークの先行的整備が強調された。全国交通ネットワークの整備によって全国土を開発可能地域にしようとする発想は，田中角栄の「日本列島改造論」に利用されたが，その直後に発生した石油危機によって挫折した。

流通革命

　1960（昭和35）年前後から「流通革命」という言葉が盛んに使われるようになった。林周二は1962（昭和37）年に『流通革命』（中公新書）を出版し，流通システムの「巨大化」と「加速化」の必要を論じた。

　流通革命の担い手として注目をあびたのは，廉価販売と品ぞろえの良さを武器に急成長した小売業のスーパーマーケットであった。1953（昭和28）年12月に開店した東京青山の紀ノ國屋が日本で最初のスーパーマーケットといわれるが，1956（昭和31）年に100店であったスーパーマーケットは1959（昭和34）年に1000店にふえ，1968（昭和43）年には売上高で百貨店を上まわった。1960年代後半から全国チェーン化が進み，中内㓛が設立したダイエーは，1972（昭和47）年に売上高で老舗百貨店の三越を抜き，小売業界では第1位となった。

3　高度成長の転換と長期安定政権　115

◀開店当時の紀ノ國屋　セルフサービス方式が好評で，一人あたりの買い物額がふえた。(〈株〉紀ノ國屋提供)

　一方，卸売部門では巨大総合商社が成長した。1950年代に旧財閥系の三菱商事，三井物産，住友商事が総合商社として復活した。さらに，丸紅が1960(昭和35)年に第一鋼材，1966(昭和41)年に東進と合併し，伊藤忠商事は1955(昭和30)年に太洋物産，1961(昭和36)年に森岡興業と合併して巨大化した。これらの総合商社は，旧財閥系とともに丸紅―富士，伊藤忠商事―第一勧銀，日商岩井―三和というように，それぞれ六大企業集団の中軸企業に成長した。

　流通革命が叫ばれて以来，問屋不要論，商社斜陽論がくり返し主張された。しかし，商社は大衆化と国際化など新しい時代の商業活動を自己の活動領域に取り込み，成長していった。

　耐久消費財の普及は，メーカーと系列販売網による大量生産・大量販売体制の確立や割賦販売制度によって促進された。松下幸之助が設立した松下電器(現，パナソニック)は，系列販売組織を整備し，家電製品の標準化と大量生産・大量販売を実現した。松下は，水をなに不自由なく飲めるのと同じように，家電製品を大量に生産して普及させると社員に説いた(「水道哲学」)。また，トヨタ自動車や日産自動車などの自動車メーカーはディーラーシステムをつくり上げ，自動車の大量生産・大量販売を実現した。

4　高度成長期の諸問題

公害問題の深刻化

　高度経済成長によって，日本社会は豊かになったが，一方でさまざまな矛盾をかかえることになった。わけても公害問題の深刻さは，日増しに明らかになった。

　熊本県水俣市の新日本窒素肥料(前身は日本窒素肥料，現在はチッソ)は，不知火海に有機水銀をたれ流し，世界に前例のない悲惨な「水俣病」を発生させた。1950年代から猫が狂い死にするとか，原因不明の奇病があるなどといわれていたが，政府が水俣病を正式に認定したのは1968(昭和43)年であった。熊本大学は，1959(昭和34)年に有機水銀が原因であることを突きとめていたが，新日本窒素肥料や通産省・厚生省がそれを認めず，政府の対策が遅れた。そのため「水俣病」の被害は，昭和電工によって新潟県阿賀野川流域にも広がり，1968(昭和43)年に水俣病患者が多発していることが報告された。昭和電工鹿瀬工場は，阿賀野川に大量のメチル水銀を排出していたのである。

　富山県の神通川流域では，わずかな刺激でも骨折し，全身に激痛が走る「イタイイタイ病」が発生した。1968(昭和43)年に，上流の三井金属鉱業神岡鉱業所から排出されるカドミウムによって引き起こされた公害病であると認められた。

　三重県四日市市は，1959(昭和34)年に第一石油コンビナート，翌1960(昭和35)年に第二石油コンビナートが完成し，日本を代表する石油化学工業地帯に発展するが，その過程で重いぜんそくが，幼児や老人をはじめ市民の間に急速に広まった。原因は，コンビナートから排出される亜硫酸ガスで，やがて「四日市ぜんそく」とよばれるようになった。

　企業が汚染物質を長期間たれ流して環境を破壊したのに対し，経済成長を優先する政府の公害対策は進まず，公害病に苦しむ被害者たちは長らく放置されてきた。1960年代の後半になって，

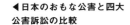
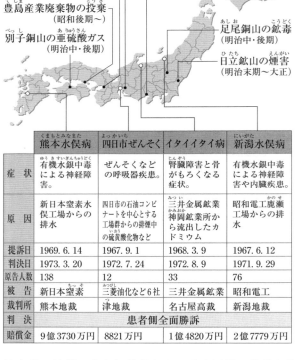

◀日本のおもな公害と四大公害訴訟の比較

被害者の抗議の声が組織化されて公害反対の世論と住民運動がおこり，新潟水俣病(新潟県阿賀野川流域)，四日市ぜんそく(三重県四日市市)，イタイイタイ病(富山県神通川流域)，水俣病(熊本県水俣市)の被害をめぐる裁判(四大公害訴訟)がはじまった。

政府の公害対策もようやく進展しはじめ，1967(昭和42)年に公害対策基本法が制定された。しかし，同法は「生活環境の保全については経済発展との調和をはかる」(第1条第2項)とあり，不徹底さを残した。そのためか，政府や企業の公害対策は手ぬるく，公害対策基本法の公布後も，大気汚染などの公害があとをたたなかった。工場の煤煙，自動車の排気ガスなどが原

因となって降下煤塵が増加し，大気中の一酸化炭素や窒素化合物の濃度が高まり，川崎，京葉，名古屋，四日市などの大コンビナート周辺の工業地帯では，呼吸器病がふえた。

　モータリゼーションの進行とともに交通事故が激増し，毎年の死亡者は1万人前後に及び，「交通戦争」といわれた。1960年代後半になると，モータリゼーションは都市の環境を破壊していった。1970(昭和45)年7月には，東京杉並区の女子高校生が光化学スモッグで倒れた。東京都は，光化学スモッグの注意報，警報を発令する体制をとった。かつては加害者は企業，住民は被害者という図式で説明できたが，いまやマイカーを運転する住民も，被害者であると同時に加害者でもあるという複雑な様相を呈するようになった。光化学スモッグは，環境破壊の確実な進行を象徴する事件であった。

　なお，道路の建設コストは鉄道よりも少なく，自動車は鉄道よりも時間やルートに融通がきくので，一般的には自動車輸送の方が鉄道輸送よりも効率的だと考えられている。しかし，宇沢弘文『自動車の社会的費用』(岩波新書，1974年)によれば，自動車輸送には道路の建設・修理費，環境汚染や交通事故のもたらす損失と救済・補償費などの社会的費用がかかるので，必ずしも効率的とはいえない。

　海水の汚染が進み，静岡県の田子ノ浦ではヘドロが問題となった。田子ノ浦では市民と漁民が結束して，1970(昭和45)年8月に「ヘドロ公害追放，駿河湾を返せ，沿岸住民抗議集会」を開き，王子製紙など製紙会社4社と知事を告発した。また，1969(昭和44)年12月には，大阪国際空港(伊丹空港)周辺の住民が国を相手取って騒音反対の訴訟をおこした。

　佐藤栄作内閣は，1970(昭和45)年7月に首相を本部長とする中央公害対策本部をつくり，大気汚染防止法，海洋汚染防止法，公害犯罪処罰法など，14の公害関連法案を成立させた。公害犯罪処罰法は，「公衆の生命または身体に危険を及ぼすおそれのある状態を生じさせた者」を処罰の対象としていたが，経団連，

経済同友会，日本商工会議所など財界が猛反発し，「及ぼすおそれのある状態」を削除し，「危険を生じさせた者」とした。

1971(昭和46)年には環境庁が発足し，大気や水質の保全，自然保護などの担当局が設置された。四大公害訴訟は，1973(昭和48)年にはいずれも被害者側の勝訴に終わり，加害者である企業の責任が明らかにされ，被害者に損害賠償金が支払われた。

過密と過疎

高度成長を支えたのは，豊富で安価な若年労働力であった。戦時中の多産奨励期，戦後のベビーブーム期に生まれた人びとが，高度成長期に労働市場に参入するようになったのである。

若年労働者の供給は，農村部から都市周辺部への大規模な人口移動をともなって進行し，しばしば「民族大移動」などと形容された。1950年代半ばから，学生服やセーラー服姿の中学校を卒業したばかりの若者が，集団就職列車に乗って京浜・中京・京阪神地区などに働きに出た。集団就職は，東京オリンピックが開催された1964(昭和39)年にピークを迎え，彼らは若年労働力の不足を反映して「金の卵」とよばれた。同年に発売された井沢八郎が歌った「あゝ上野駅」(作詞関口義明，作曲荒井英一)と

▼人口・世帯の都市集中度

年	世帯総数 (千世帯)	人口総数 (千人)	1世帯家族数 (人)	3大都市圏		東京圏	
				人口 (千人)	集中度 (%)	人口 (千人)	集中度 (%)
1950	16,580	84,114	5.07	25,130	29.9	13,050	15.5
1955	18,123	90,076	4.97	28,816	32.0	15,424	17.1
1960	20,859	94,301	4.52	32,691	34.7	17,863	18.9
1965	24,290	99,209	4.08	37,790	38.1	21,016	21.2
1970	28,093	104,665	3.73	42.672	40.8	24,113	23.0
1975	32,140	111,939	3.48	47,163	42.1	27,041	24.2
1980	36,015	117,060	3.25	49,567	42.3	28,698	24.5
1985	38,133	121,048	3.17	51,758	42.8	30,273	25.0
1990	41,035	123,611	3.01	53,683	43.4	31,796	25.7
1995	44,107	125,570	2.85	54,813	43.7	32,576	25.9
2000	47,062	126,925	2.70	55,876	44.0	33,418	26.3

出典：総務省統計局ホームページ，『平成12年国勢調査最終報告書』。
注：3大都市圏の人口は，東京圏(東京，千葉，神奈川，埼玉)，大阪圏(大阪，京都)，中京圏(愛知，三重，岐阜)の都府県の人口の和。

▶完成間近な多摩ニュータウン
(1971〈昭和46〉年, 朝日新聞社提供)

いう歌謡曲は, 集団就職で上野駅に降り立った若者の心情を歌いあげ, 大ヒット曲となった。

　1955(昭和30)年から60(昭和35)年にかけて, 人口減少が激しかったのは四国, 九州, 山陰, 東北, 北関東で, 人口増加のいちじるしかったのは東京, 神奈川, 大阪, 愛知などの大都市地域であった。1960(昭和35)年から1965(昭和40)年にかけては, やはり大都市圏で人口増加がいちじるしかったが, 東京周辺の埼玉, 千葉, 大阪周辺の奈良, 愛知周辺の三重などでも人口増加が激しくなり, 大都市地域が拡大した。

　しかし, 1965(昭和40)年から1970(昭和45)年にかけて, 大都市中心部の人口増加は頭打ちとなり, 周辺部の埼玉, 千葉などの人口増加が顕著となり, ドーナツ化現象とよばれた。1970(昭和45)年の3大都市圏の人口は1955(昭和30)年の1.5倍に増加し, その集中度は50%に近づいた。なかでも集中度のいちじるしかったのは東京圏で, 1970(昭和45)年の人口は2400万人に達した。

　大量の人口が流入した都市部では, 住宅地が不足し, 深刻な住宅問題を引き起こした。1955(昭和30)年に日本住宅公団が設立され, 寝室2部屋とダイニングキッチンからなる2DKの公団住宅が普及した。公団住宅は好評で, 入居希望者が殺到し, そこに住む人びとは「団地族」とよばれるようになった。

4　高度成長期の諸問題　121

また，地方自治体や民間デベロッパーによる宅地造成，マンション・戸建て住宅の建設が進展した。都市部の地価高騰と過密化のため，住宅建設は郊外に向けて無秩序に広がり，スプロール化といわれた。1961（昭和36）年に大阪の千里ニュータウンの入居が開始されたのを皮切りに，同じく大阪の泉北ニュータウンや東京の多摩ニュータウンなど，大都会の周辺には「核家族」や単身者が多く住む高層の集合住宅群がひしめくようになった。しかし，彼らの職場は都心にあるので，通勤には混雑度が250％以上の電車で往復2時間ないし3時間を費すことになり，「通勤地獄」とよばれた。

　一方，人口減少のいちじるしい地域社会では過疎問題が深刻となった。過疎問題とは，人口減少のために防災，教育，保健，医療，交通など，地域社会を支える基礎的な条件の維持が困難となり，地域の生産機能がいちじるしく低下することをいう。

　農山村を維持していくためには，灌漑のための水路や道の普請，入会地の手入れ，祭礼などの共同作業が必要であるが，働き手がいなくなると実行できない。林業で必須の枝打ちや下草刈りといった作業も重労働なので，若年労働力がいなくなると実行不可能となる。1970（昭和45）年4月に過疎地域対策緊急措置法＊が公布され，全国の市町村のうち約3割が過疎地域に指定され，面積では全市町村の約4割，同じく人口では約9％を占めていた。

　　＊過疎地域対策緊急措置法　人口の過度の減少を防止するとともに地域社会の基盤を強化するために必要な特別措置を講じ，住民福祉の向上と地域格差の是正に寄与することを目的としている。

革新自治体の増加

　高度成長によるひずみへの住民の反発は，1960年代後半から70年代前半にかけての約10年間に，多くの大都市に革新自治体を生み出した。

▶東京都知事に美濃部亮吉 首都にはじめて革新の旗がひるがえった。中央が美濃部新知事。(朝日新聞社提供)

　1963(昭和38)年の統一地方選挙で、大阪・北九州・横浜に革新市長が誕生し、1967(昭和42)年4月の統一地方選挙では、日本社会党と日本共産党が推す、経済学者で東京教育大学教授の美濃部亮吉が東京都知事に当選した。また、1970(昭和45)年には、社共統一候補の蜷川虎三京都府知事が6選を果たした。
　1970年代前半の地方選挙でも、1971(昭和46)年に憲法学者の黒田了一が社共推薦の候補者として大阪府知事選に立候補し、自由民主党の現職知事を破って当選したのをはじめ、日本社会党や日本共産党など革新勢力が支援する候補者がつぎつぎと勝利した。こうして三大都市圏(東京、京都、大阪)の知事や市長の多くが革新系で占められ、日本の人口の4割以上が革新自治体で生活をするという状況が生まれた。革新自治体は、厳しい公害規制条例の制定や老人医療の無料化などの福祉政策で成果をあげた。
　都市の革新票の増加は、いうまでもなく都市問題への住民の不満のあらわれであった。東京都知事選挙に敗れた自由民主党は衝撃を受け、都市住民対策の再検討に取り組んだ。田中角栄を会長とする都市政策調査会をつくり、1968(昭和43)年5月には都市政策大綱を発表した。それは、のちの日本列島改造論に通じる内容をもち、公共資金をふんだんにばらまいて、大都市

4　高度成長期の諸問題　123

の再開発と地方への分散をはかろうというものであった。また，革新自治体の進める福祉政策に遅れをとらないために，税収増を利用して福祉予算をふやした。

ベトナム・沖縄・安保条約

　1965年2月，アメリカが北ベトナムへの爆撃(北爆)を開始してから，ベトナム戦争は泥沼化していった。北爆の主力は長距離戦略爆撃機B52で，その発進基地は太平洋上のグアム島にあったが，沖縄の嘉手納基地もしばしば使用された。

　アメリカ軍は，韓国軍やフィリピン，タイなどの同盟国の軍隊にまで応援を頼み，毒ガスや枯葉剤など新型の化学兵器やナパーム弾を多用し，南ベトナム解放民族戦線(ベトコン)を全滅させようとした。ナパーム弾は油脂焼夷弾で，1発で2000㎡以上を焼き払う能力があるといわれていた。

　佐藤内閣は，軍隊こそ派遣しなかったが，アメリカの侵略戦争を積極的に支持し，日本全土をベトナム戦争のための補給・兵站基地とした。沖縄は，ベトナム爆撃機の発進基地となったばかりでなく，アメリカ軍傷病兵のために病院を提供し，帰休兵の休養地にもなった。

　こうしたなかでベトナム反戦運動が広がり，アメリカの北爆開始直後の1965(昭和40)年4月に「ベトナムに平和を！　市民文化団体連合(のち市民連合)」(ベ平連)が組織された。鶴見俊輔や小田実らが中心となって，市民の反戦デモや意見広告など，新しいタイプの反戦運動を展開した。

◀沖縄嘉手納基地のB52　B52は，10t以上の爆弾を積載し，1万km以上の航続距離をもつ世界最大の長距離戦略爆撃機である。1965年から北ベトナムの爆撃(北爆)へ，沖縄の基地から飛び立った。(共同通信社提供)

▶ベ平連のデモ　作家小田実は，ベトナム反戦を訴える「ベトナムに平和を！市民文化団体連合」(ベ平連)を結成し，市民もベトナム反戦を訴えた。写真は1970(昭和45)年6月の様子。(朝日新聞社提供)

　ベトナム戦争の泥沼化にともない，アメリカでも反戦の世論が高まった。ジョンソン大統領は，1968年3月，大統領選への不出馬，北爆の停止を表明し，和平交渉をよびかけた。大統領選挙では共和党のニクソンが勝利し，1969年1月に大統領に就任した。ニクソン大統領は，ベトナムからの段階的撤兵を約束するとともに，同年7月にニクソン・ドクトリンを発表してアジア諸国の自助の強化と，アメリカの軍事費負担の同盟国への肩代わりを主張し，日本に対しても，よりいっそうの軍事費の負担を要請してきた。

　1969(昭和44)年11月，佐藤首相は訪米し，ニクソン大統領と首脳会談をおこない，日米安保条約の堅持と「韓国の安全は日本の安全にとって緊要(きんよう)」という認識を確認し，日本政府による核政策(「核兵器をもたず，つくらず，もちこませず」という非核三原則)の尊重，1972(昭和47)年の沖縄返還などを盛り込んだ共同声明を発表した。

　日米共同声明では，沖縄返還が盛り込まれたが，佐藤首相は，すでに就任早々の1965(昭和40)年1月，「沖縄の祖国復帰がなければ日本の戦後は終わらない」としてアメリカを訪問し，ジョンソン大統領に沖縄返還を要請していた。また，同年8月には戦後現職の首相としてははじめて沖縄を訪問し，沖縄返還を訴えた。

　一方，ベトナム戦争で苦境におちいったアメリカは，日本に

4　高度成長期の諸問題　125

◀屋良主席誕生　沖縄初の主席公選選挙は，革新共闘会議推薦の屋良朝苗（中央）が，自由民主党の西銘順治に3万票の差をつけて当選した。（読売新聞社提供）

対して，よりいっそうの軍備強化によって，アジアでアメリカの肩代わりをすることを求めるようになった。そして，それと引きかえに，日本の要求する沖縄返還を認めてもよいと考えるようになった。

　沖縄では，ベトナム戦争反対と祖国復帰をめざす県民のたたかいが盛りあがっていた。1968（昭和43）年11月にはじめて琉球政府主席公選がおこなわれ，社会大衆党，社会党，人民党などの野党によって結成された「明るい沖縄をつくる会」から推されて立候補した屋良朝苗が当選した。屋良は，元沖縄教職員会会長で，祖国復帰協議会の会長であった。この直後の11月19日，嘉手納基地を発進したばかりのB52が，爆弾を満載して核兵器貯蔵庫の近くで墜落し，4km四方に及ぶ大爆発をおこした。同年12月には「B52撤去・原潜寄港阻止県民共闘会議」（別称，

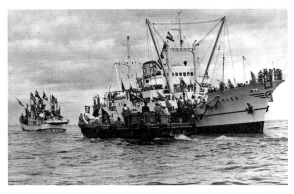

◀「沖縄を返せ」海上での交流　与論島沖，北緯27度線上の境界線で，本土側と沖縄側の代表が2隻の船に乗って対面し，励ましあった。（共同通信社提供）

126　第3章　高度成長の時代

沖縄返還協定[1]

第一条　1　アメリカ合衆国は，2に定義する琉球諸島及び大東諸島[2]に関し千九百五十一年九月八日にサン・フランシスコ市で署名された日本国との平和条約第三条の規定に基づくすべての権利及び利益を，この協定の効力発生の日から日本国のために放棄する。……

第二条　日本国とアメリカ合衆国との間に締結された条約及びその他の協定（……[3]）は，この協定の効力発生の日から琉球諸島及び大東諸島に適用されることが確認される。

第三条　1　日本国は，千九百六十年一月十九日にワシントンで署名された日本国とアメリカ合衆国との間の相互協力及び安全保障条約及びこれに関連する取極に従い，この協定の効力発生の日に，アメリカ合衆国に対し琉球諸島及び大東諸島における施設及び区域の使用を許す。

(日本外交主要文書・年表)

[1]1971(昭和46)年6月17日，愛知揆一外相とウィリアム=ロジャース国務長官が東京とワシントンを宇宙中継テレビで結び，調印式を挙行。翌年5月15日発効し，沖縄の祖国復帰が実現，前文と9条よりなる。　[2]沖縄島の東約360kmにある島群。　[3]省略部分は1960(昭和35)年の新安保条約及び関連の取決め，1953(昭和28)年の日米友好通商航海条約など。

いのちを守る県民共闘）が結成され，沖縄県民の反戦・反核の運動が高揚した。こうした沖縄での運動の高まりを反映して，佐藤首相は沖縄返還については「核抜き，基地は本土並み」の方針でアメリカと折衝すると言明した。

なお，1965(昭和40)年以降，日本の対米輸出が急増し，日米貿易収支では日本の黒字が定着していた。そこでアメリカは，日本に牛肉やオレンジなど農産物の市場開放と，繊維製品の対米輸出規制を要求した。ニクソン大統領は，繊維製品の輸出規制を引き出すために，沖縄返還を取引に使ったのである。繊維業界からの強い反発があったが，繊維製品の対米輸出規制に関する交渉は，1972(昭和47)年1月に日本側の大幅な譲歩をもって調印するにいたった。その年の5月15日に沖縄が日本に返還された。日本は，「糸（繊維）で縄（沖縄）を買った」といわれた。

1972(昭和47)年5月15日には，東京都と那覇市で復帰を祝う記念祝典が開かれた。しかし，「核抜き」の保障がないこと，膨

4　高度成長期の諸問題　127

大な基地がそのままにされていることなどに抗議し，全国各地で「核も基地もない沖縄全面返還集会」が開かれた。1960年代末から70年代半ばにかけて，日本本土のアメリカ軍基地は約3分の1に減少したが，沖縄のアメリカ軍基地はほとんど減少しなかった。沖縄返還によって，国土面積の0.6％を占めるにすぎない沖縄に，アメリカ軍基地の約75％が集中するという状況がつくり出されたのである。

　日米安保条約は，1960（昭和35）年に改定され，期限を10年と定めており，それ以後は日米のどちらか一方が廃棄を通告すれば，その1年後に失効することになっていた。自由民主党内の改憲派は，安保条約の再改定を機会に，条約のいっそうの対等化をはかり，自衛隊の国防軍化を進め，同時にこれを憲法改正に結びつけようとしていた。自由民主党の安全保障調査会が1966（昭和41）年に発表した中間報告も，10年間の条約再延長，機密保持法令の制定，防衛庁の国防省への昇格，自衛隊の海外派遣など，明らかに改憲を意識した内容となっていた。

　1969（昭和44）年12月，佐藤首相は衆議院を解散し，12月に総選挙を実施した。自由民主党は288議席を獲得して大勝し，当選後の入党者をあわせると300議席になった。日本社会党は90議席と100議席を割り込み，公明党47議席，民主社会党31議席，日本共産党14議席となった。野党では日本社会党以外の政党の議席数が伸び，「多党化時代」を迎えたかの感があった。

　佐藤内閣は，何の通告もなしですませる安保条約自動延長の道を選んだ。大敗北を喫した日本社会党に抵抗する力はなく，学生たちも学園紛争後の挫折感におそわれており，過激化したセクトは大衆的支持を失っていた。そのため，70年安保問題は無風のまま決着がついた。1970（昭和45）年2月の施政方針演説で佐藤首相は，沖縄の返還で日本の戦後は終わったとし，今後は日本の国際社会での地位の向上をめざすと述べた。

5 生活・社会の変容と文化

消費革命と大衆消費社会

　高度成長期には,より豊かな生活を求めて消費が急速に拡大した。「節約」が美徳であった時代は終わり,今や「消費は美徳」と考えられるようになった。それは,江戸時代の文化爛熟期であった元禄時代になぞらえ,「昭和元禄」とよばれるほどであった。なお,旺盛な消費需要に供給が追いつかなかったため,高度成長期には物価が継続的に上昇した。

　1960(昭和35)年度の『経済白書』は,「消費革命」が技術革新とともに経済成長の要因であると分析していた。高度成長の前半期には,電気洗濯機,白黒テレビ,電気冷蔵庫が普及し,天孫降臨神話の鏡・玉・剣になぞらえて「三種の神器」とよばれた。これらの耐久消費財は,アメリカ流の豊かな生活の象徴として人びとのあこがれの的となった。電気洗濯機の価格は,1949(昭和24)年には5万4000円であったが,1955(昭和30)年には2万円となった。一方,都市部の勤労者世帯の平均年収は,1949(昭和24)年の14万円から1955(昭和30)年には36万円となっている。したがって,電気洗濯機の価格の平均年収に占める割合は38.6%から5.6%へといちじるしく低下したことになる。

▶家庭生活の中心となったテレビ(1956〈昭和31〉年)　白黒テレビをかこんで一家団らんを楽しむ。(毎日新聞社提供)

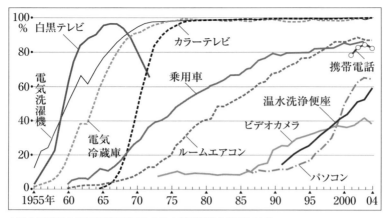

▲耐久消費財の普及率(『統計でみる日本』『消費動向調査』より)

　電気洗濯機よりも少し遅れて白黒テレビが登場した。1953(昭和28)年2月、NHKの東京放送局によってテレビ放送がはじまり、同年8月には日本テレビも開局した。しかし、NHKの受信契約数は全国でわずか866であった。このころの勤労者世帯の平均年収は31万円であったのに、テレビの価格は1台19万円で平均年収の61.3%も占め、とても購入できる代物(しろもの)ではなかった。

　白黒テレビが一般家庭に普及しはじめるのは1950年代後半になってからであった。1958(昭和33)年12月にはテレビ時代を象徴する東京タワーが完成し、人びとは1959(昭和34)年4月の皇太子と皇太子妃の「世紀の祭典」の中継をみようと、争ってテレビを購入したため、受信契約数は200万を突破した。こうして1960(昭和35)年から1965(昭和40)年にかけて、白黒テレビの普及率は44.7%から90%に、電気冷蔵庫は10%から51.4%に、電気洗濯機は40.6%から68.5%となった。

　消費ブームは、1966(昭和41)年からの「いざなぎ景気」のなかでさらに活発となった。消費の中心は、自家用自動車(マイカー)、カラーテレビ、ルームクーラーなどの高価格の耐久消費財で、「新三種の神器」ないし、それぞれの英語の頭(かしら)文字から

▶**マイカー**(1959〈昭和34〉年) 自家用自動車の普及は大衆消費社会の到来を告げた。(ユニフォトプレス提供)

「3C」とよばれた。カラーテレビは，1964(昭和39)年の東京オリンピックを契機に普及しはじめ，1975(昭和50)年には普及率が90％をこえた。

乗用車の登録台数は，1965(昭和40)年には188万台であったが，1970(昭和45)年には678万台，1975(昭和50)年には1480万台となり，ほぼ2世帯に1台の割合で自動車をもつようになった。こうしてマイカー時代が到来し，自動車が一躍交通手段の主力となったのである(モータリゼーション)。

消費拡大の要因としては，まず所得の増加をあげることができる。毎年所得が増加し，消費需要を拡大していったのである。1955(昭和30)年のエンゲル係数(消費支出に対する食料費の割

▼**家計消費動向の推移**

年	家計消費支出	構成比								
		食料品	外食費	住居費	光熱費	被服費	教育費	教養娯楽費	その他
1950	11,980	57.4		4.6	5.0	12.3			20.7
1960	31,305	43.5	3.0	8.9	5.1	12.5	2.9	6.3	17.8
1970	79,531	31.0	3.0	9.9	4.4	9.5	2.7	9.0	30.5
1980	230,568	25.4	3.7	8.9	5.7	7.9	3.6	8.5	36.3
1990	311,174	21.4	4.0	8.7	5.5	7.4	4.7	9.7	38.7
2000	317,133	19.4	3.9	10.0	6.8	5.1	4.4	10.1	40.3

出典：『家計調査総合報告書』昭和22〜61年，『家計調査年報』平成16年。
注：全世帯の1カ月平均の数値。

◀インスタントラーメンの登場　安藤百福(あんどうももふく)の創意工夫でつくられた「チキンラーメン」は，翌年の1959(昭和34)年には，大ヒット商品となった。(日清食品ホールディングス株式会社提供)

合)は51.5％であったが，1975(昭和50)年には33.9％に下がり，食料以外の消費財に対する支出がふえた。また，核家族化が進行して世帯数が増加したことも大きな要因である。核家族化によって世帯数がふえれば，世帯ごとに耐久消費財をワンセットで購入することになるからである。また，「団地族」の間では，「見せびらかし」という心理をともなった消費が活発となった。そしてもっとも大きな要因は，所得の増加が消費需要を引き起こし，大量生産による価格の引下げがさらに需要を拡大するという循環(じゅんかん)が働いたことである。家電製品の普及にともなって，木炭や薪(たきぎ)などの燃料，竈(かまど)や七輪(しちりん)，木炭(もくたん)コンロなどの台所用品が姿を消していった。

　食生活も豊かになった。肉類や乳製品の消費が増大し，日本人の体格はいちじるしく向上した。また食生活の洋風化が進み，米食が減退した。一方で，規格化されたインスタント食品，冷凍食品を量産する食品工業が発達し，外食(がいしょく)産業も成長した。1958(昭和33)年に世界で初めて日清(にっしん)食品からインスタントラーメンが販売され，その後コーヒーやカレーなど，つぎつぎとインスタント食品が登場した。外食産業の第1号は，1970(昭和45)年に創業したすかいらーくであるが，人びとは家族団らんで手軽に洋食を楽しめるようになった。

　生活にゆとりが出ると，家族旅行や行楽に余暇(よか)が費されるよ

132　第3章　高度成長の時代

▶新聞にのった広告(1961〈昭和36〉年) ハワイ旅行が懸賞つき販売のキャッチフレーズとなった。(サントリーホールディングス株式会社提供)

うになり、レジャー産業やマス＝メディアが発達した。新聞、雑誌、テレビなどは大衆文化のおもな担い手になるとともに、大量の広告(CM)を送り出して人びとの購買欲をあおった。

1948(昭和23)年には、岡晴夫が歌う流行歌「憧れのハワイ航路」が大流行した。ハワイ旅行は、戦後の日本人にとって「あこがれ」であったが、1961(昭和36)年には「トリスを飲んでハワイへ行こう」というCMが話題になり、身近に感じられるようになった。1954(昭和29)年に、日本航空が羽田〜サンフランシスコ間に国際定期便を就航するが、一般の海外渡航が解禁されたのは1964(昭和39)年4月で、日本人の団体観光ツアーがハワイに向けて飛び立った。費用は36万4000円で、当時の大学卒の初任給の1年半分にあたった。

「自由化」されたとはいっても、海外旅行はまだまだ高嶺の花で、1964(昭和39)年の海外渡航者数は21万人にすぎなかった。しかし、1965(昭和40)年1月に日本航空が「ジャルパック」というパッケージ方式の企画旅行を開始すると海外旅行が普及し、1973(昭和48)年の海外渡航者数は220万人になった。

国民所得の増加にともなって「教育熱」が高揚し、高校・大学への進学率が高まった。1970(昭和45)年には、高校進学率は

5 生活・社会の変容と文化 133

◀ 安田講堂の攻防(1969〈昭和44〉年1月18日〜19日) 東京大学安田講堂を占拠する全共闘(全学共闘会議)の学生を約8000人の機動隊が排除, 374人が検挙された。(毎日新聞社提供)

82.1%, 短大・大学進学率は24.1%に達し, 高等教育の大衆化が進んだ。受験競争が激化し, 無気力・無感動・無関心の「三無主義」が広がる一方, 高校や大学で学園の民主化を求める「学園紛争」がおこった。とりわけ, 1968(昭和43)年から翌年にかけて, 日本大学や東京大学をはじめとする全国の大学で, 大学当局の不当性をとなえる学生たちがキャンパスをバリケードで封鎖するなど, 大学の機能が失われる事態が生じた。

マス=メディアと公教育機関による大量の情報伝達は, 日本人の考え方や知識を平均化・画一化する機能を果たした。また, 国民の所得・消費水準が全般的に上昇し, 生活様式や意識の均質化が進んだ結果, 自分は社会の中間層に属していると考える人びとが国民の8〜9割を占めるようになった(中流意識)。

東京オリンピックと新幹線

1964(昭和39)年10月10日, 第18回オリンピック東京大会が, 93の国と地域から5541名の選手が参加して, 東京渋谷の国立競技場で開幕した。そのとき, 7万4500人の観客収容力をもつ国

▲東京駅での東海道新幹線開通式（1964〈昭和39〉年10月1日）（毎日新聞社提供）

▲オリンピック東京大会の開会式（1964〈昭和39〉年10月10日） 93の国と地域から選手たちが集まった。アジアで最初に開かれたオリンピック大会であった。（朝日新聞社提供）

立競技場は超満員であった。東京オリンピック開催後、1970（昭和45）年には大阪で日本万国博覧会、1972（昭和47）年には札幌で冬季オリンピックが開催されたが、これらは経済発展をとげて国際社会に復帰した日本を、世界にアピールする国家的イベントであったといえる。

しかし、アジアで最初のオリンピックであったにもかかわらず、中国（中華人民共和国）は不参加で、北朝鮮、インドネシアも参加をとりやめた。一方、東西ドイツは統一代表団を送り、選手団は374人にものぼった。日本は、「東洋の魔女」とよばれた女子バレーボールの金メダルをはじめ、合計29のメダルを獲得した。先進国の仲間入りをした東洋の島国が、スポーツでも米ソにつぐことを証明することになった。

東京オリンピックは「1兆円オリンピック」といわれ、オリンピックそのものよりも東海道新幹線の建設、東京都内の地下鉄道整備、道路整備などに多額の事業費が支出された。東京オリンピックの名のもとに、大規模公共事業が推進され、東京の都市改造が進められたのである。

東海道新幹線は、戦前の「弾丸列車」構想に起源をもつが、東京～大阪間を3時間10分（開業当初は4時間）で結ぶというものであった。モータリゼーションが進む時代に、莫大な資金をか

5 生活・社会の変容と文化 135

◀完成した霞ヶ関ビル
（読売新聞社提供）

けて高速鉄道を建設するのは無駄であるという批判もあったが，オリンピック関連の国家事業に位置づけられ，1964(昭和39)年10月1日に開業した。東海道新幹線の開業は，斜陽産業とみられていた世界の鉄道に生き延びる道をさし示したという点で，鉄道史上画期的な出来事であった。

東京オリンピックの開催が決定されると，1958(昭和33)年7月の第1次首都圏整備計画の計画決定にもとづき，1959(昭和34)年6月に首都高速道路公団が設立された。また，1958(昭和33)年の第3次道路整備5カ年計画のなかにオリンピック関連道路の緊急整備が盛り込まれた。

首都高速道路は，1964(昭和39)年10月までに，東京国際空港（羽田空港）〜都心間，都心〜新宿・渋谷間の約33kmが開通した。道路では，明治公園（オリンピック第1会場）〜駒沢公園（第2

会場)を結ぶ国道246号線(青山通り)が拡幅され,市街地をぶち抜いて環状7号線が建設された。道路建設にあたっては,都内の1万カ所が掘り返され,7000棟以上,5万人以上の住民が移転を余儀なくされた。また,1964(昭和39)年9月には,羽田空港～浜松町間に東京モノレールが開業した。地下鉄では,営団の丸の内線・日比谷線,都営の浅草線が開業した。

1961(昭和36)年から1964(昭和39)年にかけて,東京ではパレスホテル,ホテルオークラ,ホテルニューオータニなどのホテルが建設された。このように,1960年代の前半,東京は建設ラッシュを迎えた。しかし,これは東京だけではなく,多かれ少なかれ日本全体にあてはまることであった。

1960年代の後半には,「超高層ビル」の時代が幕を開けた。1968(昭和43)年に36階建ての霞が関ビルが完成し,翌年までに全国で20棟の超高層ビルが竣工した。1969(昭和44)年には都庁の移転もふくめた新宿西口の「副都心計画」がほぼまとまり,数年後には超高層ビルが建設された

生活・文化の多様化

1964(昭和39)年に創刊された『平凡パンチ』は,ファッション,音楽など,アメリカ風のライフスタイルに関する情報を若い男性に送りつづけた。こうしたなかで若者は,「アイビー・ルック」という言葉を知り,やがてVAN(ヴァンジャケット社のブランド)のシャツやセーターを着たり,ジーパンをはいたりするようになった。

若い女性のファッションは,よりドラスティックに変化した。1967(昭和42)年10月,イギリスのファッションモデル,ツイッギーとともに上陸したミニスカートは,またたく間に若い女性の間に広まった。ミニスカートは,長い間膝は隠すものとされてきた日本社会では,単なるファッション以上の意味をもつ「革命的」な出来事で,戦後のベビーブーム世代の自己主張でもあった。

5 生活・社会の変容と文化 137

◀東京の街中をゆくミニスカートの女性
（1967〈昭和42〉年，影山光洋撮影）

◀「鉄腕アトム」　手塚治虫の人気漫画。少年ロボットのアトムが活躍する物語で，日本アニメの原点となる。手塚漫画のなかでもっとも広く親しまれた。(ⓒ手塚プロダクション)

　マス＝メディアにのって社会派推理小説の松本清張，歴史小説の司馬遼太郎，社会派小説の有吉佐和子・山崎豊子ら人気作家が輩出した。彼らの作品は，純文学と大衆文学の中間に位置するという意味で「中間小説」とよばれ，爆発的なベストセラーを生み出した。

　純文学では，三島由紀夫，大江健三郎，高橋和巳，井上光晴らが活躍し，1968(昭和43)年には，川端康成がノーベル文学賞を受賞した。しかし，三島は1970(昭和45)年に自衛隊の東京市ヶ谷駐屯地に集団で乱入し，天皇中心のあらたな政治体制をつくるためのクーデタをよびかけるが，誰も応じないとみるとその場で割腹自殺をとげた。

　少年向けの漫画週刊誌は成年をもとらえ，手塚治虫，横山光輝，ちばてつや，赤塚不二夫，藤子不二雄らが活躍した。とくに手塚は，世界に類例のない本格的なストーリー漫画を創作した。40年以上にわたって活躍し，今日の漫画・アニメーション隆盛の基礎を築いた。手塚の作品『鉄腕アトム』は，将来の科学技術や科学万能の時代への批判をふくんでおり，多くのファンをとらえ，1963(昭和38)年に初の国産テレビアニメとなった。

　テレビ放送は，日常生活に欠かせないものとなり，映画産業の衰退を招いた。1967(昭和42)年には受信契約数が2000万件を

▶大鵬と柏戸　1961(昭和36)年秋場所の優勝決定戦。(朝日新聞社提供)

こえ，大量生産と大量消費をつなぐ広告媒体となった。

　スポーツでは，プロレス，プロ野球，大相撲がテレビで実況され人気を博した。プロレスでは，力道山が外国人レスラーを得意技の「空手チョップ」で叩きのめし，プロ野球では長嶋茂雄と王貞治が人気を二分した。大相撲は，大鵬，柏戸の「柏鵬時代」を迎え，「巨人・大鵬・卵焼き」が流行語となった。

　科学技術の発達もいちじるしく，1965(昭和40)年に朝永振一郎，1973(昭和48)年に江崎玲於奈がノーベル物理学賞を受賞した。また，政府は原子力政策や宇宙開発などの分野で，積極的な科学技術開発政策を推進した。とりわけ，電力会社は1960年代半ば以降，原子力の平和利用をとなえる政府の支援のもと，各地で原子力発電所(原発)の建設を推進した。

　文化面では，アメリカ流の近代化論が登場して，マルクス主義は退潮に向った。アメリカの東洋史研究者で1961(昭和36)〜66(昭和41)年に駐日アメリカ大使を務めたライシャワーは，明治維新後の日本を近代化に成功したアジアで唯一の事例と評価し，アジア諸国に近代化のモデルであると紹介した。

　高度経済成長は日本人が自信を取りもどすきっかけとなり，日本社会の特殊性を強調する中根千枝『タテ社会の人間関係──単一社会の理論』(1967年)，イザヤ・ベンダサン(山本七平)『日本人とユダヤ人』(1970年)などの日本人論がよく読まれた。ま

5　生活・社会の変容と文化　139

た，文化人類学者の梅棹忠夫が「文明の生態史観序説」（『中央公論』1957年2月号）を発表し，日本の近代化は英・仏・独などに近いとして，丸山真男・大塚久雄らの議論に修正をせまった。

第4章 経済大国への道

··

1 ニクソン・ショックの波紋

米中接近とドル防衛策

　アメリカ大統領補佐官キッシンジャーは，1971年7月，極秘のうちに中国を訪問して周恩来首相と会談し，ニクソン大統領の訪中を準備した。ニクソン大統領は，翌1972年2月に中国を訪問し，米中共同声明を発表した。ソ連との対立を深めつつあった中国は，アメリカや日本との友好を求めていた。アメリカは，泥沼化しつつあったベトナム戦争の和平の仲介を中国に期待しており，両国の利害が一致したのである。

　ニクソン大統領の訪中が発表されると，世界中が大きな衝撃に包まれ，ソ連は米中接近に強い警戒を示した。アメリカに追随して中国敵視政策をとってきた日本にとっても，このいわば頭越しの米中接近は大きな衝撃であった。佐藤栄作内閣は，アメリカを気遣い，中国の国連加盟に反対の旗振り役を演じ，日本国内で盛りあがってきた日中国交回復の要求もおさえこんできたので，米中接近は想定外のことであった。

　キッシンジャーの訪中からちょうど1カ月後の1971年8月，アメリカの金準備が100億ドルを割る直前であったが，ニクソン大統領は「新経済政策」を発表した。それは，①金とドルとの交換の一時停止，②10％の輸入課徴金の実施，③通貨の為替レートの変更について各国と協議を開始するといった内容で，金の対外流出を阻止してドルに対する信認を確保し，過大評価さ

1　ニクソン・ショックの波紋　141

れているドルの為替相場を切り下げ，アメリカ経済の国際競争
力を高めようとするものであった。ニクソン大統領のドル防衛
策の表明は世界各国に大きな衝撃をあたえたが，とりわけ対米
輸出に依存して経済成長をとげてきた日本経済への影響は深刻
であった（ドルショック）。

　第二次世界大戦後の世界経済は，アメリカのドルを基軸通貨
とするＩＭＦ（国際通貨基金）体制とＧＡＴＴ（関税及び貿易に
関する一般協定）に象徴される自由貿易体制によって成り立っ
ていた。ドルは金と兌換でき，世界中どこでも通用する貨幣で，
国際金融の最終的な決済手段であった。各国の通貨の価値は，
ドルとの固定された交換比率によって定められていた。

　したがって，ＩＭＦ体制は，アメリカの国際収支が安定的に
推移し，アメリカの金準備が十分であることを前提としていた。
当初アメリカは，世界の金の８割を保有し，諸外国のドル保有
額を大きく上まわっていたのでまったく不安はなかった。

　しかし，その体制が1960年代に揺らぎはじめた。国際収支の
慢性的な赤字，泥沼化するベトナム戦争，反共体制維持のため
の海外援助などによってアメリカのドルが海外に流出し，ドル
と金の兌換がふえて金準備が不足するようになったのである。
また，日本や西ドイツは，ドルの実質的な価値が下がっている
のに，為替相場が固定されているのを利用して，対米輸出を増
大させてきた。

　1971年に入ると，アメリカの国際収支の赤字はますますふえ，
ドルの流出が金準備を上まわり，ドル危機，国際通貨危機が深
刻となった。ニクソン大統領の新経済政策は，こうした事態へ
の対応であった。

変動相場制への移行

　ニクソン大統領によるドル防衛策発表の翌日，すなわち1971
年８月16日の株式市場は空前の大暴落となった。ヨーロッパの
主要国は，ただちに外国為替市場を閉鎖し，23日には変動相場

142　第4章　経済大国への道

▶円・ドル為替相場の推移

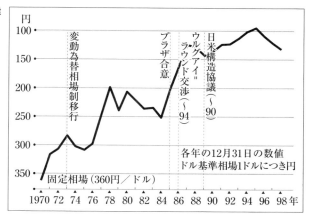

制に移行して再開した。

　しかし日本の財政当局は、輸出に有利な1ドル＝360円のレートをあくまで維持しようと考え、外国為替市場を閉鎖せず、日本銀行が必死にドルを買い支えた。この間に日本が買ったドルは40億ドルをこえ、8月末の外貨準備高は西ドイツにつぐ第2位の125億ドルとなった。

　1971年12月、先進10カ国の蔵相は、ワシントンのスミソニアン博物館に集まり、国際通貨危機について協議をし、各国は上下の変動幅をつけた固定為替相場にもどることにした。これがスミソニアン協定であるが、日本は円を切り上げて1ドル＝308円とした。しかし同協定は長くはつづかず、日本は1973（昭和48）年2月に、先進各国と歩調を合わせて変動相場制に移行した。

　変動相場制への移行は、円安を武器とする対米輸出によって成長してきた日本経済に深刻な影響をあたえた。円相場は、変動相場制移行直後に1ドル＝265円前後に上昇し、以後円高に向って推移した。

中国の国際連合加盟

　国連では、アメリカの反対にもかかわらず、実質的に中国を

統治している北京政権(中華人民共和国)を，台湾にかえて中国の代表として認めるべきだという意見が大勢を占めるようになっていた。1971年9月以降の国連総会では，台湾追放，中国招請の決議が採択されるのではないかと予測されていた。しかし，佐藤内閣はアメリカに追随し，中国と敵対してきたので，こうした世界の大勢を読みとることができなかった。

　そしてついに1971年10月の国連総会で，中国招請案が可決されて中国の国連復帰が決定し，台湾の中華民国政府は国連脱退の声明を出した。1970年にカナダが中国を承認したのを契機に，雪崩を打ったように中国承認国が増加した。中国の国連復帰に反対をしつづけた佐藤内閣の姿勢は，内外からきびしい批判をあびた。

　中国の国連復帰が実現すると，日中国交回復の要求が高まった。1970(昭和45)年12月，自由民主党から日本共産党までの超党派の議員379名からなる日中国交回復促進議員連盟が発足し，1971(昭和46)年9月には同連盟の藤山愛一郎を団長とする代表団が中国を訪問し，10月に日華(日台)平和条約を無効とする声明に調印した。1971(昭和46)年2月には，日本社会党，総評が中心となって日中国交回復国民会議が結成され，1971(昭和46)年中に30の都府県議会と40余りの市議会が日中国交回復の決議をおこなった。

　こうした動きは財界にも広がり，台湾との経済協力をはかる日華協力委員会*への加盟を取り消す企業が続出し，1971(昭和46)年中には東京と大阪の財界の代表団が中国を訪問した。佐藤内閣は，日中国交回復問題でしだいに追い込まれていた。

　　＊日華協力委員会　日本の自由民主党保守派および財界と台湾との経済協力をはかるため，1957(昭和32)年に設立された民間レベルの団体。1972(昭和47)年の国交断絶にいたるまで，台湾との交渉チャネルとして重要な役割を果たした。

2　高度経済成長の終焉

田中角栄内閣の成立

　佐藤栄作内閣は，沖縄返還を花道として1972（昭和47）年7月に総辞職した。在任期間は7年8カ月，連続2797日に及び，日本の憲政史上では最長の記録となった。

　後任を争ったのは，福田赳夫，田中角栄，大平正芳，三木武夫，中曽根康弘の5人で，「三角大福中」といわれた。本命は，福田と田中で，他の3人は派閥のリーダーとして総裁選に加わっていただけであった。そのうち中曽根は，つぎのつぎをねらうとして田中支持にまわった。

　福田は大蔵官僚出身で，佐藤の後継者としてもっとも有力視されていたが，国民的な人気がなかった。台湾の国民政府との関係が深いことも，日中国交回復を望む声が高まっているなかでマイナス要因となった。一方の田中角栄は，学歴はなかったが，庶民性と行動力を売り物に党人としてのしあがってきた。抜群の行動力，豊富な資金力と人脈を武器に，佐藤派の大半をまとめ，中曽根の支持もとりつけた。1972（昭和47）年7月の自由民主党総裁選では，本命とみられていた福田を破って田中が総裁に選ばれ，54歳の戦後最年少の内閣総理大臣が生まれた。

　田中首相は，大平を外相，三木を副総理格の無任所相，中曽根を通産相に起用したが，総裁選を争った福田派には郵政相と経済企画庁長官の2ポストしかあたえなかった。福田派が入閣を拒否したので，田中はみずから両大臣を兼任して組閣した。田中と福田の確執はその後もつづき，「角福戦争」とよばれた。

　発足当初の田中内閣は抜群の人気を誇っていた。1972（昭和47）年8月末に朝日新聞が実施した世論調査によると，田中内閣の支持率は62％と歴代内閣では最高を記録し，不支持率は10％で最低であった。ちなみに，平和条約締結時における吉田茂内閣の支持率は58％であった。マスコミも，田中首相を「庶民

2　高度経済成長の終焉　145

宰相」「今太閤」「コンピュータ付ブルドーザー」などと，庶民性
と行動力をもてはやした。

　しかし，田中内閣をとりまく内外の環境にはきびしいものが
あった。1つは中国の国際社会への復帰の問題であった。もう
1つはドルショックにより高度経済成長が終焉を迎えたいま，
経済政策をどのように転換していくのかという問題であった。

日中国交正常化

　田中首相は，組閣早々の1972(昭和47)年8月，ハワイでアメ
リカのニクソン大統領と会談し，日米関係が新しい段階に入っ
たことを強調する共同声明を発表した。これまで，日本の首相
は就任するとワシントンに出向いていたので，アメリカ大統領
がハワイまでくるのは異例であった。この会談では，日中国交
回復問題が話しあわれたが，アメリカのねらいは日米貿易の不
均衡是正にあった。また，この会談で日本はロッキード社のト
ライスター機を導入することに同意した。

　アメリカの了解をとりつけると，田中首相は1972(昭和47)年
9月，二階堂進官房長官を同行して中国を訪問し，毛沢東主
席や周恩来首相と日中国交回復について協議を重ねた。日中間
の国交回復については双方とも異論はなかったが，日本がすで
に平和条約を結んでいる台湾との関係をどうするかで意見が分
かれた。中国側は台湾の存在をまったく認めなかったが，日本
はすでに結んでいる日華平和条約にこだわっていた。

　結局，日中平和条約の締結にはいたらなかったが，日中両国
の首相と外相は，1972(昭和47)年9月29日に北京の人民大会堂
で日中共同声明に調印し，両国の戦争状態に終止符を打った。
1945(昭和20)年の敗戦から27年，満州事変が勃発した1931(昭
和6)年から数えると実に41年目ということになる。

　共同声明では，「日本側は，過去において日本国が戦争を通
じて中国国民に重大な損害を与えたことについての責任を痛感
し，深く反省する」という文言を入れて，戦争責任を認めた。

146　第4章　経済大国への道

日中共同声明[1]

　日中両国は，一衣帯水の間にある隣国であり，長い伝統的友好の歴史を有する。両国国民は，両国間にこれまで存在していた不正常な状態に終止符を打つことを切望している。戦争状態の終結と日中国交の正常化という両国国民の願望の実現は，両国関係の歴史に新たな一頁を開くこととなろう。

　日本側は，過去において日本国が戦争を通じて中国国民に重大な損害を与えたことについての責任を痛感し，深く反省する。また，日本側は，中華人民共和国政府が提起した「復交三原則[2]」を十分理解する立場に立って国交正常化の実現をはかるという見解を再確認する。中国側は，これを歓迎するものである。……

一，日本国と中華人民共和国との間のこれまでの不正常な状態は，この共同声明が発出される日[3]に終了する。

二，日本国政府は，中華人民共和国政府が中国の唯一の合法政府であることを承認する[4]。

三，中華人民共和国政府は，台湾が中華人民共和国の領土の不可分の一部であることを重ねて表明する。日本国政府は，この中華人民共和国の立場を十分理解し，尊重し，ポツダム宣言第八項に基づく立場を堅持する。

五，中華人民共和国政府は，中日両国国民の友好のために，日本国に対する戦争賠償の請求を放棄することを宣言する。

六，日本国政府及び中華人民共和国政府は，主権及び領土保全の相互尊重，相互不可侵，内政に対する相互不干渉，平等及び互恵並びに平和共存の諸原則の基礎の上に両国間の恒久的な平和友好関係を確立することに合意する。……

七，日中両国間の国交正常化は，第三国に対するものではない。両国のいずれも，アジア・太平洋地域において覇権[5]を求めるべきでなく，このような覇権を確立しようとする他のいかなる国あるいは国の集団による試みにも反対する。　　　　　　　　　　　　　　　　　　　　　（日本外交主要文書・年表）

[1]1972（昭和47）年9月29日，田中角栄首相と周恩来首相が，北京の人民大会堂で調印。前文と本文9項目よりなる。第8項で平和友好条約締結交渉に合意した。　[2]中華人民共和国政府が中国を代表する唯一の合法政府である。台湾は中華人民共和国の領土の不可分の一部である。日華平和条約は不法・無効で破棄されねばならない。　[3]1972（昭和47）年9月29日。　[4]2つの中国を否定した。つづく第三項で1つの中国，1つの台湾の考えも否定し，これによって日華平和条約は失効し，国民政府との国交が絶たれた。　[5]覇者の権力。中ソ対立の激化のなかで，この覇者がソ連をさしていることは明らかであった。

　　そして日本は，中華人民共和国政府が中国の唯一の合法政府であることを承認し，中国側は日本に対する戦争賠償の請求を放棄した。

◀人民大会堂で開かれた夕食会の様子　向って左が田中角栄首相，右が周恩来首相。（毎日新聞社提供）

　日中共同声明を発表したのち，大平外相は日本と台湾の中華民国政府が1952（昭和27）年に締結した日華平和条約について，「存続の意義を失い，終了したものと認められる」と語り，台湾も「対日断交」を声明した。しかし田中首相は，事前に台湾の了解をえるため，9月中旬に自由民主党副総裁の椎名悦三郎に親書を渡して台湾を訪問させていた。そして，民間団体として交流協会をつくり，1973（昭和48）年1月には日台交流民間協定*を結び，民間レベルで台湾との関係を維持した。

　＊**日台交流民間協定**　中華人民共和国との国交正常化後，日本と台湾の国交は断絶したが，1973（昭和48）年1月，日本側は財団法人交流協会，台湾側は亜東関係協会という実務的な窓口機関を設置して，これまで通り民間交流を維持した。

　日本の財界は，かねてから日中国交回復を強く望んでいた。広大な中国市場に，無限の可能性を期待していたからである。国交正常化前から，日本の財界人は訪中を重ねていたが，国交正常化後の1972（昭和47）年11月，財界と一体化した日中経済協会が発足し，新日鉄会長の稲山嘉寛が会長となった。

　中国も，日本との経済交流を強く望んでいた。1966年にはじまった文化大革命（文革）は，国内の混乱と生産の低下をもたらした。1960年代半ばからは中ソ対立が激化する一方で，共産圏諸国との貿易も停滞していたので，文革の終息とともに，経済の回復，とくに重化学工業の発達をはからなければならないと考えていた。そのためには，日本の経済援助がどうしても必要だったのである。

日本列島改造ブーム

　田中首相は，総裁選直前に『日本列島改造論』を出版していたが，組閣すると首相の私的諮問機関として日本列島改造問題懇談会を発足させ，新幹線や高速道路などによる全国的な交通ネットワークを整備し，工業地帯を地方に分散させるというみずからの日本列島改造論を主張した。日本列島改造論は，ドルショックによる経済基調の変化を無視した成長継続論で，全国的な土地投機ブームを招き，インフレーションを引き起こした。大蔵省は，銀行に土地関連融資の自粛を指導したが，列島改造インフレはおさまらなかった。

　田中首相は1972(昭和47)年11月に衆議院を解散し，総選挙に臨んだ。日中国交正常化と日本列島改造のブームが去らぬうちにと臨んだ総選挙で，自由民主党の圧勝かと思われた。しかし，12月におこなわれた総選挙の結果，自由民主党は271議席を獲得したにとどまり，19議席の減となった。公明党や民主社会党の中間政党も議席を減らし，日本社会党及び日本共産党の両党が大幅に議席を伸ばした。とくに日本共産党は議席数を14から38へと3倍近くにふやし，東京，神奈川，大阪，京都の都市部では全選挙区で議席を獲得した。

　この選挙結果は，地価の騰貴とインフレーションに対する都市住民の批判であったと考えられる。選挙後，田中首相は反主流の領袖福田赳夫を行政管理庁長官として入閣させ，福田派の倉石忠雄を党政務調査会会長に起用した。挙党体制を築くことで，この難局を乗り越えようとしたのである。

　第2次田中内閣も成長戦略をとった。1つは，全国の交通網を整備し，工業を分散し，過疎と過密を同時に解消することをうたった国土計画であり，もう1つは社会資本の整備，福祉の充実を基調とする財政主導型の成長戦略であった。その結果，1973(昭和48)年度予算は前年度比約25%増の大型予算となり，田中内閣の積極政策を反映して，公共事業費，社会保障関係費を大幅にふやし，多額の財政投融資が新幹線や本州四国連絡橋

2　高度経済成長の終焉　149

などの交通網整備，工業再配置，地域振興につぎ込まれることになった。

　一方，1972（昭和47）年度予算が発表されると，物価騰貴がさらに進んだ。日銀発表の卸売物価指数は，1970年を100とすると，1973（昭和48）年1月は105.9（前月比1.5％上昇），2月は107.6（同1.6％），3月は109.6（同1.9％）と，1カ月で1.5％以上の上昇率を記録した。

　大手商社は，物価上昇を見越して木材，大豆，米などを買い占めた。政府は，1973（昭和48）年3月に当面の物価対策として緊急輸入や在庫放出などの処置とり，7月には「生活関連物資等の買占め及び売り惜しみに対する緊急措置に関する法律」（投機防止法）を公布して14品を指定したが，インフレ防止にはあまり役立たなかった。

　公共料金の値上げラッシュもつづいた。1973（昭和48）年の夏には国鉄運賃，健康保険料金，電気・ガス料金がいっせいに値上げされ，消費者米価も9.8％の値上げとなった。閣議は，8月末に物価安定緊急対策を決定したが，効果は上がらなかった。

　列島改造を見越した土地投機も激しく，1973（昭和48）年4月に通産省が公表した地価の公示価格によると，1年間で全国平均30％強の上昇となった。とくに東京圏では，35％という異常な高騰を示した。1973（昭和48）年5月に国税庁が公示した1972（昭和47）年度の高額所得者上位100人のうち94人は土地成金であった。

　政府は1973（昭和48）年1月に土地対策要綱を決定し，大規模取引の届出制や都市圏農地の宅地なみ課税を実施したが，地価の急騰をおさえることはできなかった。都市在住の一般市民が，土地を手に入れるのは絶望的となった。

　発足当初62％という高い支持率を誇った田中内閣も，朝日新聞の調査によると，1973（昭和48）年4月には26％にまで落ち込んだ。

石油危機

　こうしたなかで，いわゆる石油危機がおこった。1973年10月，エジプト軍はシナイ半島へ，シリア軍はゴラン高原に進撃を開始した。シナイ半島やゴラン高原は，1967年の第3次中東戦争以来イスラエル軍が占領していたのであるが，その後サウジアラビアも参戦し，アラブ10カ国とイスラエルの第4次中東戦争となった。アラブ産油諸国の結束は固く，親イスラエル政策をとるアメリカ，ヨーロッパ諸国，日本に対し，石油戦略を行使した。

　1973年10月，サウジアラビアなどペルシャ湾岸のアラブ産油国6カ国は，原油価格を21％引き上げると発表した。さらに，同日アラブ石油輸出国機構（ＯＡＰＥＣ）10カ国は，石油生産を9月比で月5％ずつ削減することを決定した。さらにＯＡＰＥＣは，11月にこの措置を強化して月に25％減産するとし，12月には湾岸6カ国が1974年1月から原油の公示価格を2倍に引き上げると発表した。

　高度経済成長期を通じて，エネルギー革命が進み，石油の全エネルギーに占める割合は，1960（昭和35）年度には37％であっ

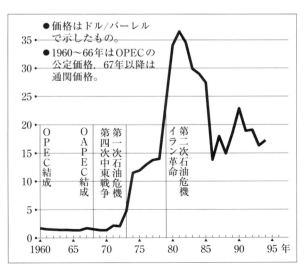

▶原油価格の推移（経済企画庁『経済要覧』より）

▲灯油販売に並ぶ人びと　1973(昭和48)年12月。都内のある団地の様子。(読売新聞社提供)

たが，1971(昭和46)年度には71％となった。原油はすべて輸入に依存していたが，1972(昭和47)年度にはその81％を中東地域から輸入していた。つまり，高度成長期の日本経済は，エネルギーの供給を中東から輸入する安価な石油に大きく依存していたのである。

　それゆえ，アラブ産油国の石油戦略は日本経済を直撃し，1973(昭和48)年度の物価上昇率は卸売物価で22％，消費者物価で16.1％となった。それが企業の買占め，売り惜しみをもたらし，トイレットペーパー，砂糖，石鹸，合成洗剤などで品不足騒ぎがおこった。また，電力会社は10％の電力使用の削減を需要者に要求し，大都市ではネオンが消え，深夜のテレビ放送は自粛された。また，ガソリンスタンドは休日休業となり，新聞の頁数も減った。政府は1973(昭和48)年11月に石油緊急対策要綱＊を閣議決定して対応したが，さまざまな流言が広がり，パニックはおさまらなかった。石油危機は，国民生活を混乱と不安のなかにおとしいれた。

＊**石油緊急対策要綱**　石油危機の国民生活への影響を最小限に
とどめるためになされた閣議決定。消費節約運動の展開，石
油・電力の10％使用節約，便乗値上げ・不当利得の取締りと
公共施設などへの必要量確保，国民経済および国民生活の安
定確保のため必要な緊急立法の提案，総需要抑制策と物価対
策の強化，エネルギー供給確保のための努力など6項目から
なる。

3　経済大国の実現

安定成長への転換

　石油危機さなかの1973(昭和48)年11月，蔵相の愛知揆一が過労のため急死し，後任には行政管理庁長官の福田赳夫が就任した。福田は安定成長論者で，田中角栄の成長継続論に疑問をもち，日本列島改造論にも批判的で，インフレーションの急進に対して「狂乱物価」であると非難の声をあげていた。財界も，田中の経済政策に危惧の念をいだきはじめ，福田の安定成長論に期待を寄せていた。

　福田蔵相は，田中首相の列島改造路線の軌道修正をはかり，1973(昭和48)年12月に石油需給適正化法と国民生活安定緊急措置法を公布・施行した(石油二法*)。石油需給適正化法は，石油消費の削減，分配の適正化，価格の安定などのために必要な措置を政令で定め，通産省に強力な権限をあたえるというものである。国民生活安定緊急措置法は，国民生活に関係が深く，値上がりの激しい品目を指定して，政令で価格を凍結するか最高価格を指定し，政府が必要と認めた場合には割当制や配給制をとるという法律であった。

　　＊石油二法　石油緊急対策要綱で緊急立法を提案した政府は，1973(昭和48)年11月および12月に石油需給適正化法，国民生活安定緊急措置法を閣議決定した。両法案を「石油二法」とよび，同年12月22日に公布・施行した。

　12月22日の両法公布・施行後に，政府は日本経済が石油需給適正化法のいう緊急事態にあたると認定し，首相談話を発表して国民に訴え，首相を本部長とする国民生活安定緊急対策本部を設け，石油・電力供給の20%削減などの緊急対策を決めた。

　一方，アメリカに追随していたイスラエル寄りの外交政策も大きく転換させた。11月22日の閣議でイスラエル軍の全占領地域からの撤退を求め，パレスチナ人の正当な権利を認めるとい

154　第4章　経済大国への道

う親アラブ政策への転換を表明したのである。11月30日には中東諸国へ特使を派遣することを決め，三木武夫副総理が12月10日から中東8カ国を歴訪した。アラブ諸国も日本の政策転換を認め，日本への石油の必要量を供給すると発表したが，湾岸諸国は1974年1月から原油価格を公示価格の2倍に引き上げた。

　石油緊急対策がとられても，原油価格の上昇と企業の便乗値上げなどで，結局，物価騰貴はおさまらなかった。1974(昭和49)年1月の消費者物価は，前月の1973(昭和48)年12月に比べて4.3％，前年同月比では22.0％の上昇となった。

　田中首相が福田蔵相とともに編成した1974(昭和49)年度予算は，公共事業を圧縮し，公共料金を抑制する「総需要抑制」を方針とする低成長予算となった。田中首相が打ち出していた新幹線や高速道路の計画も凍結され，本州四国連絡橋も見送られた。経団連，日経連，経済同友会，日商の経済4団体も，物価をおさえるために総需要抑制策を支持した。当面の緊急事態に対し，新規設備投資を自粛し，売り惜しみや便乗値上げを自制するという決意も表明した。

　しかし，インフレーションは容易にはおさまらなかった。石油や石油商品の値上がりばかりでなく，海外における資源や食

▼経済成長率と失業率(1971～1985年)

年度	実質経済成長率	完全失業率
1971	4.4	1.2
1972	8.4	1.4
1973	8.0	1.3
1974	▲1.2	1.4
1975	3.1	1.9
1976	4	2.0
1977	4.4	2.0
1978	5.3	2.2
1979	5.5	2.1
1980	2.8	2.0
1981	4.2	2.2
1982	3.4	2.4
1983	3.1	2.6
1984	4.5	2.7
1985	6.3	2.6

出典：三和良一・原朗『近現代日本経済史要覧』2007年。

3　経済大国の実現　155

糧の値上がり，1972(昭和47)年，1973(昭和48)年の田中内閣の積極財政によって生まれた過剰な流動資金の氾濫，企業による投機，先取り値上げなど，さまざまな要因が加わってインフレーションがつづき，引締め政策による不況にもかかわらず，物価が上昇するという傾向がつづいた。

　1974(昭和49)年度中の消費者物価指数は，総務省統計局のデータによれば対前年度比20.7％の上昇であったが，実質経済成長率では1.2％のマイナスとなった。こうして1974年度は戦後はじめてのマイナス成長となったが，インフレーションはおさまらず，不況下のインフレーション，すなわち「スタグフレーション」という現象が大きな問題となった。1972年にはローマクラブの『成長の限界』が出版されて話題となったが，それと歩調をあわせるかのように日本経済の高度成長は終焉を迎えた。

　不況の進行を重くみた政府・日銀は，1975(昭和50)年2月以降景気拡大策に転じ，公共事業を拡大するとともに，4月からは公定歩合を引き下げ，同年度の補正予算では，ついに建設国債のみならず赤字国債(歳入補塡国債)の発行にも踏み切った。景気対策の効果は徐々にあらわれ，1975(昭和50)年度後半から景気は回復し，同年度の実質経済成長率は3.1％となった。

　ところで田中首相は，みずからの政治資金の調達をめぐる疑惑(金脈問題)が明るみに出ると，1974(昭和49)年11月に総辞職した。自由民主党の後継総裁には，いわゆる「椎名裁定」によっ

◀ロッキード事件を報じる新聞記事　（朝日新聞，1976〈昭和51〉年7月27日）

て「クリーンな政治」をかかげる三木武夫が選ばれ，12月に組閣した。しかし，1976(昭和51)年にアメリカロッキード社の航空機売り込みをめぐる収賄容疑で田中元首相が逮捕されると(ロッキード事件)，同年12月におこなわれた総選挙で自由民主党は大敗し，結党以来はじめて衆議院議員定数の過半数を割り込んだ。三木内閣は，選挙の責任をとって退陣し，1976(昭和51)年12月に福田赳夫が内閣総理大臣となった。

　福田内閣は，内需拡大をかかげて貿易黒字問題，円高不況に対処し，1978(昭和53)年8月には懸案であった日中平和友好条約の締結を実現した。

徹底的な減量経営

　第1次石油危機以降，世界経済が停滞するなかで，日本は省エネ型の産業，省エネ製品の開発，省エネ型のライフスタイルを追求して3～5%前後の経済成長率を維持していた。1979年にイランでアメリカの支援のもとに近代化を進めてきた王制が倒され，イスラーム復興をかかげる宗教指導者ホメイニ師が権力を掌握すると(イラン革命)，アラブ産油諸国は原油価格を引き上げ，1バーレル12ドルから34ドルへと3倍近くになった。日本は，第2次石油危機に直面したのである。

　政府は，第1次石油危機の経験を生かして第2次石油危機も乗り越え，日本経済は安定成長の軌道にのった。1980年代前半の経済成長率は3%前後に落ち込んだが，それでも欧米先進諸国と比べると，相対的に高い成長率を維持していたといえる。たとえば，1981(昭和56)～83(昭和58)年における日本の経済成長率は年平均3.2%であったが，OECD(経済協力開発機構)加盟国全体のそれは1.4%であった。また，同時期における日本の失業率は2.4%であったが，OECD加盟国全体のそれは7.7%であった。

　企業は，省エネルギーや人員削減，パート労働への切りかえなど「減量経営」につとめ，コンピュータや産業用ロボットなど，

3　経済大国の実現　157

◀産業用ロボットによる無人工場　コンピュータとロボットの発達は無人の工場を出現させた。

ＭＥ(マイクロ゠エレクトロニクス)技術を駆使し，工場やオフィスの自動化(オフィス゠オートメーション)を進めた。

　一方で，石油危機は労働運動衰退の引き金となった。企業内ではサービス残業や過労死が日常化し，社会問題となった。「減量経営」が進むなかで，労働組合は抵抗力を失い，労使協調，官民一体の路線に巻き込まれ，日経連がいうように賃金の上昇率は物価上昇率の枠内におさめられた。人びとの政治意識の保守化も進んだ。

　産業別にみると，鉄鋼，石油化学，造船などの資源多消費産業が停滞し，省エネ型の自動車，電気機械や半導体・ＩＣ(集積回路)・コンピュータなどのハイテク産業が輸出を中心に生産を伸ばした。このような産業構造の転換は，「重厚長大型産業」から「軽薄短小型産業」あるいは「知識集約型産業」への転換といわれた。

　日本の貿易黒字は大幅に拡大し，欧米諸国との間に貿易摩擦がおこり，為替相場では円高基調が定着した。とくに，自動車をめぐる日米貿易摩擦は深刻な問題となった。

4　バブル経済と市民生活

臨調・行革路線

　高度成長が終息したのちの1970年代末期から80年代初頭にかけて，日本の財政は危機的な状況となった。福田内閣を継承した大平正芳内閣は，国会での「保革伯仲」と与党の内紛がつづくなかで，第2次石油危機に対処するとともに，財政再建をめざしていたが，1980（昭和55）年の衆参同日選挙の最中に急死した。選挙の結果，自由民主党は衆議院で284議席を獲得して安定多数を回復し，1980（昭和55）年7月，財政再建と行政改革を公約にかかげた鈴木善幸内閣が成立した。

　1981（昭和56）年3月，第2次臨時行政調査会（臨調）が発足し，中曽根康弘行政管理庁長官の推薦で経団連会長の土光敏夫が会長に就任した。臨調は，「増税なき財政再建」をかかげて，「活力ある福祉社会の建設」と「国際社会に対する積極的貢献」を目標に，精力的な活動を展開した。

　臨調は，1981（昭和56）年7月に当面する財政危機にどう対処するかについて答申をおこない，公共事業費の抑制，各種補助金の削減，年金・医療費の適正化，許認可事務の整理・統合，日本専売公社，日本電信電話公社，日本国有鉄道などの分割や持株会社化の実現，といった歳出抑制策を主眼とする財政合理化案をつぎつぎと打ち出した。

　当初，臨調は「増税なき財政再建のための徹底した行政改革の実現」をめざしていたが，財界を中心に「小さな政府」論が強くなり，「国民の自助・自立，企業の自主的努力，企業間の競争，地方自治体の自立という新しい社会経済関係の創出」，すなわち自主性，自立・自助，自由競争という形への経済社会の構造転換こそが最大の課題であると考えられるようになった。

　「小さな政府」論が強調されるようになったのは，高度経済成長期には完全雇用と社会福祉の拡充をめざし，平等主義的な政

策を追求してきたが，結果的に「大きな政府」を生み出し，財政赤字を累積してきたと考えられたからである。また，イギリスのサッチャー政権やアメリカのレーガン政権は，すでに「小さな政府」の実現をめざして規制緩和や民営化を進めていた。このような新保守主義的，ないし新自由主義的な潮流が，日本の行財政改革にも大きな影響を及ぼしはじめたのである。

　1982（昭和57）年11月には，「戦後政治の総決算」をかかげる中曽根康弘が組閣した。中曽根内閣は，日米関係の緊密化と防衛費の大幅な増加をはかる一方，行財政改革を進めた。中曽根首相は，土光臨調が任期を終えると，1983（昭和58）年に引きつづき土光敏夫を会長とする臨時行政改革推進審議会（行革審）を設置し，行財政改革を推進した。行革審は，臨調後の情勢変化として，国際収支不均衡の大幅な進行，技術革新の急速な進展，経済のサービス化・ソフト化の3点をとりあげ，そのすべてについて市場原理の復活による経済の活性化，民間活力の育成，そのための規制緩和の必要を強調した。1985（昭和60）年7月に行革審規制緩和部会は「規制緩和への推進方策」によって民活・規制緩和論を説いた。「規制緩和への推進方策」によれば，「経済活動に対して加えられているさまざまな公的規制の中には，結果的に，技術革新の導入を阻害したり，生産性の低い企業や産業を温存したり，経済活動の効率の不当な低下をもたらしている場合が少なくない」というのであった。

　これと同時に自由民主党は「民間活力導入方策についての第2次報告」を提出し，東京湾横断道路，明石海峡大橋，首都圏中央連絡道路の建設促進の3大プロジェクトをかかげ，これを民間活力の導入によって実現し，経済の活性化を達成するとしていた。専売公社，電電公社，国鉄の3公社の民営化も，この論理によって断行された。日本専売公社と日本電信電話公社は1985（昭和60）年に民営化されて，それぞれ日本たばこ産業株式会社（JT），日本電信電話株式会社（NTT）となった。また，国鉄は1987（昭和62）年に分割民営化され，北海道，東日本，東

160　第4章　経済大国への道

▲消費税実施のたれ幕をかかげるデパート　たれ幕で消費者の注意を喚起するデパート。東京都中央区日本橋。(毎日新聞社提供)

▶国鉄民営化の実現　1987(昭和62)年4月1日、国鉄は新しくJRグループとして再出発し、各地で祝賀の行事がおこなわれた。写真はJR東日本の旧汐留駅(東京都)での祝賀の様子。(毎日新聞社提供)

海、西日本、四国、九州の旅客鉄道会社と貨物鉄道会社、その他のJRグループに再編された。

　しかし、民営化によってすべてが解決したわけではなかった。分割・民営化後の2005(平成17)年4月、JR西日本の福知山線の尼崎で大きな脱線事故がおこり、107人の死者を出した。効率性を重視するあまり、安全性が軽んじられたのである。

　中曽根首相は、臨調路線にもとづく行財政改革を進める一方、登校拒否、校内暴力、いじめなど、1970年代以降に社会問題化した「教育の荒廃」を背景に、教育改革にも取り組んだ。1986(昭和61)年の総選挙で自由民主党は圧勝したが、財政再建のための大型間接税の導入を果たせず、中曽根首相は1987(昭和62年)年に退陣した。大型間接税は、つづく竹下登内閣のもとで消費税として実現し、1989(平成元)年度から実施された。

4　バブル経済と市民生活　161

貿易摩擦の深刻化

1980年代に入ると，日本の貿易収支に占める対米・対欧黒字が大幅に増大した。貿易黒字額は1984（昭和59）年に440億ドル，1985（昭和60）年には560億ドル，合計1000億ドルとなり，戦後1945（昭和20）年から1980（昭和55）年までの35年間に獲得した累積黒字額を，この2年間で突破したことになる。しかも，この貿易黒字の70％は対米黒字，20％以上を対欧黒字が占めていた。

その結果，1985（昭和60）年の対外純資産額は1298億ドルとなり，アメリカが経常収支の大幅な赤字によって一挙に1000億ドルの純債務国に転落したのに対し，日本は世界最大の債権国となった。この傾向はさらに加速し，1988（昭和63）年における日本の対外純資産額は3000億ドル弱，アメリカの対外純負債額は5000億ドル強となった。

日本の対米貿易収支が大幅な黒字となったのは，日本産業の国際競争力が強化されたからであった。対米輸出入の商品別構成をみると，輸出では，1970（昭和45）年から1980（昭和55）年の間に重化学工業品の比率が20ポイントも上昇し，総輸出額の90％近くを占めるようになった。輸入では，食糧，原料，燃料などの第1次産品が半ば近くを占めた。こうした傾向は，対欧貿易でも同様であった。

日本の重化学工業，なかでも加工組立産業は，1970年代以降の徹底した「減量経営」によって，労働生産性を上昇させ，製品コストを大幅に下げることができた。この間，アメリカの生産性上昇は相対的に低かったので，日本の重化学工業はいちじるしく国際競争力を高めた。なお，ＭＥ（マイクロエレクトロニクス）技術の革新や品質管理（ＱＣサークル）運動などによる製品の品質向上も国際競争力の強化に大きく貢献した。

日米貿易摩擦をもっとも象徴的に示すのは自動車産業であった。1970年代後半から日本車の対米輸出が増加し，第2次石油危機後にアメリカ市場で燃費のよい小型車に需要がシフトすると，日本車の輸出が激増し，1982（昭和57）年には191万台，全

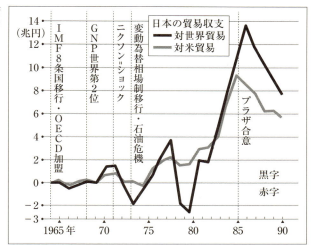

▶日本の貿易収支（経済企画庁『経済統計年鑑』より）

米乗用車市場の20.3％を占めるまでになった。

　一方で、アメリカの自動車メーカーは、主力大型車の売れ行き不振で、赤字経営におちいり、大量のレイオフ（一時的解雇）がおこなわれ、1980年には22万人にものぼった。全米自動車労働組合（UAW）の会長は、1979年秋に日本車ボイコット発言をおこない、政治問題化した。マスコミには日本車を叩きこわす労働者の姿が映し出された。日米間では、日本の対米輸出自主規制が問題となり、1981（昭和56）年5月に168万台の輸出を自主規制することになり、1984（昭和59）年には185万台、1985（昭和60）年からは230万台に拡大した。

　日本の自動車産業は、石油危機後の不況下で、徹底した減量経営・省力化とME技術の導入を実施し、需要に柔軟に対応する生産体制（その典型がトヨタ生産方式）を構築することで競争力を高めた。反対に、アメリカの自動車産業は、レイオフと海外への生産拠点の移転により「空洞化」を進めていた。これが日米貿易不均衡をもたらした根本的な要因であった。

　一方でアメリカは、レーガン政権のもとで軍拡と金融引き締め・高金利政策を展開し、産業の国際競争力をさらに弱体化させた。SDI（戦略防衛構想）による大軍拡は、軍事費を毎年10

4　バブル経済と市民生活　163

％以上も膨張させ，大幅な財政赤字をつくり出した。財政赤字を埋めあわせるためには海外資本の導入が必要となり，そのために意図的なドル高政策が採用されたが，それは実態としては過大なドル高・円安傾向をもたらし，アメリカの貿易赤字をいっそう拡大させたのである。

1980年代には，日本の対外投資もいちじるしく拡大した。1970年代後半の対外投資は年平均約90億ドルであったが，1984（昭和59）年には570億ドルとなり，その後も1986（昭和61）年に1320億ドル，1988（昭和63）年には1530億ドルとなった。

海外投資は企業の対外進出や多国籍企業化を示す直接投資と，証券投資や借款などの間接投資からなるが，1980年代後半にはいずれもアジア圏の比重が低下し，欧米，なかでもアメリカの比重が増加した。1986（昭和61）年度についてみれば，新規直接投資の46％が北米で，アジアは10％にすぎなかった。投資額の累計でも北米が35％，アジアが21％と，北米優位の傾向はかわらなかった。

直接投資は1975（昭和50）年から1984（昭和59）年までの10年間で10倍にふえたが，証券投資（間接投資）は同じ期間に60倍にも増加し，日本の長期資産残高の半ばを占めた。巨額の貿易黒字，臨調行革化のもとでの「減量経営」による国内設備投資の低迷などが日本国内に「カネ余り」現象をもたらし，それがアメリカのレーガン大統領による高金利・ドル高政策とからみあって，対外証券投資を増大させたのである。

プラザ合意

高金利・ドル高のレーガン大統領の「強いアメリカ」路線は，2000億ドルの財政赤字と1000億ドルの国際収支赤字という「双子の赤字」を発生させ，アメリカは1985年の第1四半期に第一次世界大戦直後以降はじめて純債務国に転落し，ドルの威信は揺らいだ。また，1982年のメキシコのデフォルト（債務不履行）以降，発展途上国の累積債務危機はいっそう深刻となり，アメ

リカは最大の債権国としていかに対応するかが大きな課題となっていた。不況と高失業率がつづくなかで，保護主義勢力が台頭し，1985年には高金利・ドル高のレーガン路線の転換がせまられるようになった。

1985年9月，ニューヨークのプラザホテルで，米，日，西ドイツ，英，仏5カ国蔵相・中央銀行総裁会議（G5）が開催され，円とマルクを上昇させることによって為替レートを調整することが同意された（プラザ合意）。その結果，円高・マルク高が急激に進行し，プラザ合意直前の9月20日には1ドル＝242円であったのが，9月27日には一挙に220円に上昇し，11月27日には200円，翌1986（昭和61）年2月17日には180円，7月4日には160円となった。1年にも満たないうちに円は80円も上昇したのである。

急激なレート調整にもかかわらず，国際不均衡はむしろ拡大し，アメリカの「双子の赤字」も解消の目途はたたなかった。日本の輸出業界は予想をこえた円高の進行に悲鳴をあげ，中小企業は政府に円高対策を陳情した。こうしたなかで，1987年2月，上記5カ国にイタリアとカナダを加えた主要7カ国蔵相・中央銀行総裁会議（G7）がパリのルーブル宮殿で開かれた。ルーブル会議では，これ以上のドル安は成長と対外不均衡の調整を阻害しかねないとし，アメリカは為替安定に努力し，日本と西ドイツは内需拡大に努力するという合意が成立した（ルーブル合意）。

しかし，アメリカはわずか数カ月後の1987年9月には，海外資金を調達するため高金利政策に転じ，日本と西ドイツには金利格差の維持を要請したのち，内需振興によるいっそうの市場開放を求めた。西ドイツはこの要求を拒否し，同年10月にインフレ防止の目的で金利引上げを実行した。アメリカと西ドイツの金融摩擦が表面化し，10月19日にはアメリカの株式市場で前日比22.6％，508ドルという株価の大暴落がおこった。これは1929年の世界恐慌以来の大暴落で，「ブラックマンデー」とよば

4　バブル経済と市民生活　165

れた。ドルの安定をめざしたルーブル合意は，もろくもくずれ
さった。

バブル経済

　1985（昭和60）年のプラザ合意によって円高が急速に進行する
と，政府は円高不況の対策として公定歩合の引下げと，公共事
業の拡大による景気刺激策をとった。1986（昭和61）年度に総合
経済対策，1987（昭和62）年度には緊急経済対策を実施して，公
共事業の拡大と所得減税による内需拡大をはかったのである。
とくに後者は，総額 5 兆円規模の公共投資と 1 兆5000億円強の
減税を組み合わせたもので，ＧＮＰ比で 2 ％をこえる大規模な
ものとなった。

　内需喚起と為替レートの安定をめざし，金融も大幅に緩和さ
れた。1986（昭和61）年 1 月から公定歩合は 5 次にわたって引き
下げられ，1987（昭和62）年 2 月には2.5％となった。史上最低
の水準といわれた金利は，1989（平成元）年 5 月までつづいた。

　さらに，急速な円高を避けるため，ドル買い・円売りの市場
介入がおこなわれたので，国内の通貨供給量がふえ，カネ余り
現象がおこった。増大した通貨供給は，株式と不動産に投資さ
れ，株価と地価が高騰して，いわゆる「バブル経済」が発生した。
バブル経済とは，実体経済にもとづかず，株価や地価などの異
常な値上がりによって，投機が過熱した状態をいう。こうした
経済は，泡（bubble）のように，いずれははじけて消えていく
のである。

　企業は，本業への投資よりも，金融市場での資金運用で利益
をえる「財テク」（財務テクノロジー）に走った。国際的な金融自
由化のなかで，ハイリスク・ハイリターンの金融商品がつぎつ
ぎと販売されたことも，「財テク」の拡大に拍車をかけた。「財
テク」は不動産投資にも向い，投機的な土地取引が拡大した。

　日経平均で，1985（昭和60）年12月に 1 万1000円台であった株
価は，1987（昭和62）年10月のブラックマンデーを乗り越え，

▶「地上げ」に抵抗する住民
1987(昭和62)年7月。東京都青山での光景。(共同通信社提供)

1989(平成元)年12月には3万8900円へと3倍以上に高騰した。また、地価は1983(昭和58)年ごろから高騰しはじめ、1989(平成元)年には、『経済白書』が「戦後の歴史を振り返っても最も大規模かつ深刻なもののひとつ」と指摘するほどにまで高騰した。地価の高騰は、都心商業地から区部商業地、首都圏住宅地、大阪圏、名古屋圏へと波及し、さらに1987(昭和62)年6月のリゾート法施行、同年6月の第四次全国総合開発計画(四全総)の閣議決定などによって全国に波及した。

こうして、株高・土地高→企業のふくみ益の拡大→企業の資金調達力の増大→株式・土地投資・投機的資金の流入→いっそうの株高・土地高という連鎖がつくられ、資産インフレーションが顕在化したのである。

株式市場への投機資金の流入は、1988(昭和63)年6月に発覚したリクルートコスモス社の未公開株の政治家、官僚、通信業者などへの譲渡にみられる贈収賄事件を引き起こし、買占めやインサイダー取引なども顕在化した。さらに不動産需要の急増は、投機的土地取引を増加させ、「地上げ」「土地ころがし」といった社会問題を引き起こすとともに、用地費の上昇が社会資本整備を妨げる要因ともなった。

こうしたなかで、政府は土地投機の抑制、金融引締めへの転

換をはからざるをえなくなった。日銀は，1989（平成元）年10月，12月，1990（平成2）年3月と矢継ぎ早に公定歩合を引き上げ，4月には大蔵省が不動産融資総量規制*を実施した。こうして，ようやく金融引締めが本格化したが，この過程で一連の金融・証券不祥事が発覚した。

> ＊不動産融資総量規制　金融機関の不動産向け融資の伸び率を，総貸出の伸び率以下におさえさせるという大蔵省の行政指導。高騰する不動産価格の沈静化を目的としたが，急激な景気後退をもたらし，「失われた20年」の引き金となった。

　1990（平成2）年秋には，仕手集団「光進」への浮貸しやイトマン事件によって住友銀行頭取が辞任した。1991（平成3）年に入ると，5月に蛇の目ミシン工業問題で埼玉銀行の頭取が辞任，6，7月には富士銀行，埼玉銀行，東海銀行の4500億円にのぼる架空預金事件が暴露された。これは，架空預金を担保としてノンバンクなどから融資を引き出し，地上げ資金などに融資するという，典型的なバブル取引の事件であった。

　証券業界でも不祥事がみられた。1991（平成3）年6月に証券大手4社を筆頭とする1500億円以上の損失補塡の事実が発覚した。この損失補塡は，1989（平成元）年末に大蔵省より出された補塡禁止通達に明らかに違反するものであり，公表された補塡先は公共団体，大手企業，中小金融機関など約200社にのぼった。野村証券は，1989（平成元）年の東急電鉄株の大量売買にかかわって経営改善命令を受け，証券取引法54条違反として1カ月の営業停止処分となった。また，1991（平成3）年6月には関連会社による暴力団系企業への融資が発覚し，会長，副会長が辞任に追い込まれた。

5　市民意識の保守化と文化

1 億総中流社会の実像

　総理府の調査によれば，1958（昭和33）年に自分の生活を「中の上」と考えている人は3％で，同じく「中の中」は37％，「中の下」は32％，「下」は17％であった。1970（昭和45）年になると，このような国民の意識は大きく変化する。すなわち，「中の中」が56.8％となり，「中の上」の7.8％とあわせると64.4％にもなったのに対して，「中の下」は25％，「下」は6.6％に減少した。このような傾向は石油危機後もつづき，1億総中流社会ともいうべき現象が生まれたのである。

　しかし，人びとに中流意識をもたらした「豊かな社会」は，長時間労働，サービス残業，長距離通勤とラッシュアワーなどによって支えられていた。人びとは，都心から離れた郊外の，欧米人から「うさぎ小屋」と揶揄されるほどの狭隘な住宅に住み，同じく欧米人から「エコノミック・アニマル」と揶揄されるほど猛烈に働いたのである。暉峻淑子『豊かさとは何か』（1989年）は，こうした日本の矛盾を，西ドイツでの在住経験と対比しながら論じ，話題となった。

　一方，1970年代には，女性の社会進出，単身者世帯の増加などを背景に，外食産業がいちじるしい発展をとげた。ファミリーレストランのすかいらーく1号店が開業したのは1970（昭和45）年で，翌1971（昭和46）年にはロイヤルホストが開店した。また，1969（昭和44）年の第2次資本の自由化によりケンタッキーフライドチキン，マクドナルド，ミスタードーナツなど，アメリカからファーストフード店が日本に進出してきた。

　また，1983（昭和58）年4月，千葉県浦安市に東京ディズニーランドが開業した。この年の7月には，長崎県西彼町（現，西海市）に「長崎オランダ村」も開業しており，1983（昭和58）年は日本の「テーマパーク元年」となった。

5　市民意識の保守化と文化　169

◀ケンタッキーフライドチキンの日本1号店（日本ＫＦＣホールディングス〈株〉提供）

　テーマパークとは，特定のテーマにもとづいてつくられた非日常的な娯楽空間といえる。東京ディズニーランドは，開業年度の入場者数が1000万人をこえ，テーマパークブームをもたらした。1990年代に入ると，「スペースワールド」（福岡県北九州市），「サンリオピューロランド」（東京都多摩市），「レオマワールド」（香川県綾歌町〈現，丸亀市〉），「ハーモニーランド」（大分県日出町），「ハウステンボス」（長崎県佐世保市），「東武ワールドスクウェア」（栃木県藤原町〈現，日光市〉），「新潟ロシア村」（新潟県笹神村〈現，阿賀野市〉），「志摩スペイン村」（三重県磯部町〈現，志摩市〉）などが開業した。テーマパークは，地域の活性化をもたらすものとして期待された。

　リゾート開発も，地域社会活性化の手段であった。1987（昭和62）年のリゾート法制定後4年間で，30の道府県から出されたリゾート開発基本構想が承認された。「バブル経済」が拡大していくなかで，いくぶん狂乱的なリゾート開発ブームがおこった。

　なお，1978（昭和53）年に山梨県立美術館がミレーの「種まく人」を目玉に開館した。これが成功して，全国に美術館ラッシュがおこり，1982（昭和57）年には公立美術館が6館開館した。

一方，企業の社会的責任が問われるようになり，企業による文化貢献（メセナ）と社会貢献（フィランソロピー）が重視された。企業は利潤を追求するだけでなく，なんらかの形で社会に貢献し，人びとが豊かさを実感できるような社会をつくるべきであると考えられるようになったのである。そうしたなかで，堤清二の率いるセゾングループは，1969（昭和44）年にパルコ1号店を開店して以来，1970年代から80年代にかけて西武美術館，西武劇場，銀座セゾン劇場などをつぎつぎと創設し，積極的に文化戦略を展開した。

交通網の整備

高速道路や新幹線による交通網の整備も進展した。東京オリンピックが開催される前年の1963（昭和38）年7月に，日本で最初の高速道路である名神高速道路の栗東〜尼崎間が開通した。名神高速道路は1965（昭和40）年7月に全通するが，その後も東名高速道路，中国自動車道，東北自動車道，関越自動車道などが開通し，全国各地に高速道路網が張りめぐらされていった。

新幹線も全国に線路を伸ばしていった。1975（昭和50）年3月には山陽新幹線（新大阪〜博多間）が開業し，1982（昭和57）年には大宮発着という暫定的な形で東北新幹線（大宮〜盛岡間）と上越新幹線（大宮〜新潟間）が開業した。また，1970（昭和45）年には全国新幹線鉄道整備法が制定され，1973（昭和48）年に北海道新幹線，北陸新幹線，九州新幹線（鹿児島ルート），同（長崎ルート）の整備計画が決定された。そして，1988（昭和63）年には青函トンネルと瀬戸大橋が開通し，北海道，本州，四国，九州が陸路で結ばれた。

千葉県の成田市に新東京国際空港（現，成田国際空港）が開港したのは1978（昭和53）年5月であったが，当時の海外渡航者数は約350万人であった。その後，国際化が急速に進展し，1986年に500万人，1990年には1000万人を越え，関西国際空港が開港した1994（平成6）年には約1350万人となった。

5　市民意識の保守化と文化　171

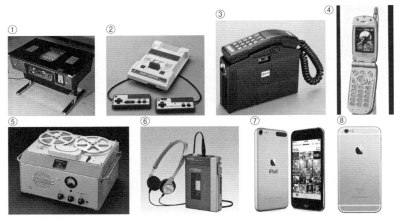

▲**電子機器の拡大** ①インベーダーゲーム機，②ファミリーコンピュータ，③初期の携帯電話(1988年)，④ケイタイ(2001年)，⑤日本最初のテープレコーダー(1950年)，⑥ウォークマン(R)(1979年)，⑦アイポッド(2010年)，⑧スマートフォン(2012年)。（①株式会社タイトー提供，②画像提供：任天堂，③・④株式会社NTTドコモ提供，⑤・⑥ソニー株式会社提供，⑦・⑧ Apple JAPAN Inc 提供）

生活のなかの文化

　文学では，村上龍が武蔵野美術大学在学中に書いた『限りなく透明に近いブルー』で，1976(昭和51)年に芥川賞を受賞して話題となった。村上は，郷里の長崎県佐世保で高校時代に反基地闘争を経験し，挫折を味わったが，上京後も基地の街である福生に住んだ。そうしたみずからの体験をもとに，70年安保後の若者たちの姿を描いた。また，1979(昭和54)年には，村上春樹が『風の歌を聴け』で群像文学新人賞を受賞した。以後，2人の村上はともに時代をリードする作家として活躍をしていく。

　立花隆は，1974(昭和49)年から「田中角栄研究――その金脈と人脈」を『週刊文春』に執筆し，田中首相を辞任に追い込んだ。田中康夫の『なんとなく，クリスタル』も1980(昭和55)年に文藝賞を受賞し，ブランド文化の象徴として一時注目された。女性の活躍も目立ち，俵万智の第一歌集『サラダ記念日』(1987年)は，口語体で現代的な感覚を詠み，従来の常識を破った和歌として話題となった。1988(昭和63)年の吉本ばなな『キッチン』は，とらえどころのない現代の若い女性の感覚を描いた。1994(平

成6）年には，大江健三郎がノーベル文学賞を受賞した。

　出版界では，中公文庫（1973年），文春文庫（1974年），河出文庫（第2次）・徳間文庫（1980年）など，文庫の創刊があいついだ。1981（昭和56）年には，雑誌の売上げが書籍の売上げを上まわった。雑誌では，『写楽』（1980年），『写真時代』・『フォーカス』（1981年），『フライデー』（1984年）など，写真雑誌がつぎからつぎへと創刊された。

　1977（昭和52）年に大阪からはじまった「カラオケ」，1978（昭和53）年に東芝が発売したワードプロセッサ，1979（昭和54）年にソニーが発売したウォークマンなどの電子機器は，人びとの生活や仕事のあり方をかえた。1983（昭和58）年には任天堂がファミリーコンピュータを発売し，子どもから大人まで世代をこえて大きな反響をよんだ。

　1980年代のテレビ文化を席巻したのは「お笑いブーム」であった。従来とは違って，速いテンポでギャグを連発する漫才がブームとなり，ビートたけし，明石家さんまらのスターを生んだ。プロ野球では，派手なパフォーマンスで人気をよんだ巨人の長島茂雄が1974（昭和49）年に現役を引退した。同じ巨人の王貞治は，1977（昭和52）年9月に通算756本のホームランを打って，世界新記録を樹立し，最初の国民栄誉賞に輝いた。その王も，1980（昭和55）年に現役を引退した。

第5章 現代の世界と日本

1 冷戦の終結と東欧革命

米ソ冷戦の終結

　東西対立の緊張は，1970年代半ばになると緩和へと向った。1961年に東西ベルリンの境界に壁がつくられたが，西ドイツとソ連をはじめとする東側諸国との間にデタント(緊張緩和)が進み，1973年に東・西ドイツの国連加盟が実現した。しかし，1979年12月に，ソ連がアフガニスタンの社会主義政権の援助を目的に軍事侵攻すると，米ソ両国の緊張がふたたび高まり，「新冷戦」の時代を迎えた。

　アメリカのレーガン大統領は大軍拡の一方で，経済の再生をめざして，企業の活力を高めるため大幅減税と規制緩和を実施した。イギリスのサッチャー政権や日本の中曽根康弘政権にもみられるように，先進諸国の経済政策の基調は大きく変化し，古典的な自由放任経済への回帰と「小さな政府」の実現がめざされた。

　新冷戦の展開は，米ソ両国経済をさらに悪化させた。アメリカは，国内産業の空洞化や国家財政と国際収支の「双子の赤字」に苦しみ，世界最大の債務国に転落した。ソ連も深刻な経済危機にみまわれ，1985年3月にソ連の書記長に就任したゴルバチョフは，情報公開(グラスノスチ)による言論の自由や国内改革(ペレストロイカ)を提唱し，計画経済に市場原理を導入した。

　ゴルバチョフ書記長は，さらに対米関係の改善をはかり，

1　冷戦の終結と東欧革命　175

◀昭和天皇の死去を報じる新聞記事
1989(昭和64)年1月7日，昭和天皇が死去し，「平成」がはじまった。(毎日新聞，1989年1月7日夕刊)

1987年12月には中距離核戦力(ＩＮＦ)全廃条約を締結し，翌1988年にはアフガニスタンからの撤兵をはじめた。レーガン大統領も，軍縮によって財政赤字を削減しようと考え，ソ連との対話を重視しはじめた。そして，1989年12月，レーガンの後任のブッシュ大統領とゴルバチョフ書記長が米ソ両国の首脳会談をマルタ島で開き(マルタ会談)，米ソ共同で「冷戦の終結」を宣言した。

日本では，1988(昭和63)年9月，昭和天皇が吐血し，年明けの1989(昭和64)年1月7日に死去した。1988(昭和63)年の日本は，世界のＧＮＰの14％を占めていた。昭和天皇は経済大国日本の絶頂期に亡くなり，時代は「平成」へと移っていった。

東欧の民主化とソ連の解体

ソ連での自由化の動きは東欧諸国の民衆を刺激した。ポーランドでは，1980年からワレサを指導者とする自主管理労組「連帯」が組織され，1989年6月には複数政党制のもとで選挙がおこなわれ，「連帯」を中心とする連立政権が発足した。同年，ハンガリーやチェコスロバキアでも複数政党制に移行し，共産党単独政権は崩壊した。ルーマニアでは，チャウシェスク大統領の独裁体制がつづいていたが，1989年12月に反体制運動が勝利をおさめ，チャウシェスク夫妻は処刑された。

東ドイツでは，1989年10月に西側への脱出者が急増し，同年11月には冷戦の象徴であったベルリンの壁がこわされ，東西ド

▶ベルリンの壁の上で喜びあう市民　東ドイツでは，1989年10〜11月，民主化・自由化を求める大規模な民衆のデモが国内各地でおこり，28年間にわたって東西を分断してきた「ベルリンの壁」がこわされた。写真は壁の上に立って喜びあう東西ベルリンの市民たち。背後はブランデンブルク門。（ユニフォトプレス提供）

イツ間の自由な行き来が認められた。1990年3月の東ドイツの自由選挙で，早期統一を求める連合党派が勝利をおさめると，同年10月，西ドイツは米・英・仏・ソの同意をえて東ドイツを吸収し，統一ドイツを実現した。1991年には，経済相互援助会議（COMECON）やワルシャワ条約機構も解消され，東欧社会主義圏は消滅した（東欧革命）。

ソ連ではペレストロイカが推進され，1990年には共産党の指導にかわり，強力な権限をもつ大統領制が導入され，ゴルバチョフが大統領に選出された。経済では，中央指令型の計画経済から市場経済への移行がはじまり，スターリン体制下で犠牲になった人びとの名誉回復もおこなわれた。

東欧における急速な民主化はソ連邦内の諸民族にも大きな影響をあたえ，バルト3国（エストニア，ラトビア，リトアニア）などで独立運動がはじまった。1991年8月には連邦の維持を主張する保守派のクーデタが失敗し，ウクライナ，アゼルバイジャンなど，ほとんどの共和国がソ連邦からの離脱を宣言し，ソ連共産党も解散した。1991年12月，エリツィンを大統領とするロシア連邦（旧ソ連内のロシア共和国）を中心に，ウクライナ，ベラルーシなど11共和国が独立国家共同体（CIS）を結成し，ソ連邦は解体した。

1　冷戦の終結と東欧革命　177

アジアの台頭

　第二次世界大戦後に独立したアジア・アフリカの新興諸国（及び条件の類似するラテンアメリカ諸国）では、容易に経済建設が進まず、北半球の先進工業諸国との経済格差や累積債務が問題になっていた（南北問題）。1970年代以降、多くの新興諸国で貧困や飢餓が深刻化していくなかで、石油戦略を行使して豊かになった産油国や急激な経済成長をとげた国・地域があらわれ、ＮＩＥＳ（Newly Industrializing Economies）とよばれた。アジアでは、韓国、シンガポール、台湾、香港などが、外国の資本や技術を導入し、輸出志向型の工業化を進めて急激な経済成長をつづけた。

　この動きは、改革・開放を進める中国の経済特区やアセアン諸国（ＡＳＥＡＮ、東南アジア諸国連合Association of South-East Asian Nations）にも広がった。アセアンは、1967年にインドネシア、シンガポール、タイ、フィリピン、マレーシアの5カ国で結成された地域協力機構で、その後ブルネイ（1984年）、ベトナム（1995年）、ラオス・ミャンマー（1997年）、カンボジア（1999年）が加盟した。

　こうしたアジアＮＩＥＳ諸国では、1990年代に開放経済体制に向い、民主化が進展した。たとえば韓国では、1992年末の選挙では32年ぶりに文民出身の金泳三（キムヨンサム）が大統領に就任し、1998年には軍部独裁政権時代に弾圧を受けていた金大中（キムデジュン）が大統領と

◀ 深圳（シェンチェン）経済特区（中国）　中国の経済特区では、外国の資本や技術を導入するなど、大胆な経済改革が実施されている。1979年から深圳・珠海（チューハイ）などに設定され、現在では5カ所の経済特区がある。（ユニフォトプレス提供）

▶**天安門事件** 中国では経済の近代化が進むにつれて、民主化の要求がしだいに高まった。1989年6月4日、北京の天安門広場に集まった民主化を要求する大規模な学生デモ隊を、中国政府は反革命的暴動として軍隊を動員して弾圧し、国際的に非難をあびた。（共同通信社提供）

なり、民主化とともに、南北朝鮮の対話をめざす「太陽政策」を進めた。台湾でも1988年に総統となった李登輝が民主化を進め、2000年の選挙でははじめて国民党に属さない陳水扁が総統となった。

そして中国では、1981年に文化大革命で失脚した鄧小平を中心とする指導部が成立し、人民公社の解体、農業生産の請負制、外国資本・技術導入による開放経済、国営企業の独立採算化など一連の経済改革（社会主義市場経済化）を実施した。

2　混迷する政治

55年体制の崩壊と政界再編

　米ソを中心とする冷戦体制が終結するなかで，1980年代には日本の政治も大変動をきたした。自由民主党では，衆議院の選挙制度改革を柱とする政治改革をめぐって意見が対立し，離党者があいついだ。自由民主党は，ながらく中選挙区制度のもとで一党優位の体制を維持してきたので，大勢は選挙制度改革に消極的であったが，党内の一部勢力が反発して離党したのである。

　その結果，自由民主党は1993（平成5）年6月に衆議院での議席数が過半数を割り，同年7月におこなわれた総選挙でも回復できなかった。この選挙では新党ブームがおこり，自由民主党を離党した羽田孜らが結成した新生党，同じく武村正義らのグループが結成した新党さきがけ，さらに前熊本県知事細川護熙らが結成した日本新党が，3党あわせて100議席余りを獲得した。なお日本社会党の議席数も半減し，70議席にとどまった。

　選挙後の1993（平成5）年8月，非自民8党派による細川連立内閣が成立した。ここに，1955（昭和30）年以来40年近くにわたってつづいてきた，55年体制とよばれる二大政党（自由民主党，日本社会党）のもとでの自由民主党による1党優位の体制がくずれ，連立政権の時代を迎えることになった。

　政治改革関連法は，最終的には自由民主党も巻き込みながら成立し，衆議院の選挙制度は小選挙区比例代表並立制となった。しかも，比例区も全国を11ブロックに細分化していたので，規模の大きな政党にとって有利な選挙制度となった。また，政治資金規正法改正によって，政治献金の制限や公表基準がきびしくなったが，その一方で政党助成法が制定され，政党の活動費用の一部が国費から支給されることになった。しかし，細川内閣は，1994（平成6）年4月，佐川急便から1億円を借り入れた

180　第5章　現代の世界と日本

事件を追及され総辞職に追い込まれた。

　細川内閣にかわって，1994（平成6）年6月に日本社会党委員長の村山富市を内閣総理大臣とする，自由民主党，日本社会党，新党さきがけによる連立内閣が誕生した。自由民主党は，55年体制のもとで仇敵であった日本社会党と手を結んで政権復帰を果たしたのである。なお，村山首相は，戦後50周年にあたる1995（平成7）年8月15日，閣議決定にもとづいて「戦後50周年の終戦記念日にあたって」（いわゆる村山談話）を発表し，第二次世界大戦中のアジア諸国に対する植民地支配と侵略を認め，謝罪した。

　一方，日本社会党と新党さきがけをのぞく旧連立与党はきたるべき新選挙制度のもとでの総選挙にそなえて合同を急ぎ，1994（平成6）年12月に新進党を結成した。新進党は最大野党となり，1995（平成7）年7月の参議院議員選挙では自由民主党にかわって政権を担いうる政党になるかにみえたが，小沢一郎党首の党運営に対する不満から離党者が続出し，結局，規模を縮小させつつ，1996（平成8）年10月の総選挙をむかえた。

　村山首相は，1996（平成8）年1月に突然辞意を表明し，後継首相には自由民主党総裁の橋本龍太郎が選ばれた。自由民主党は，宮沢内閣が政権を追われてから2年半ぶりに政権を奪還したことになる。一方日本社会党は，党名を社会民主党（社民党）と改称し，1945（昭和20）年の結党以来半世紀に及ぶ歴史に幕を閉じた。

　1996（平成8）年9月には，菅直人，鳩山由紀夫，鳩山邦夫，岡崎トミ子の4議員が民主党の結成を主唱すると，自由民主党と連立を組む社会民主党と新党さきがけの一部の議員が合流した。民主党には衆議院35名，参議院4名，合計39名の議員が参加し，菅直人と鳩山由紀夫の2人が共同代表となった。

　新選挙制度のもとでおこなわれた1996（平成8）年10月の総選挙では，自由民主党が239議席を獲得し，新進党は156議席，民主党は52議席であった。自由民主党は議席を回復したものの過

半数にはとどかなかった。同年11月には，連立のパートナーで
あった社会民主党や新党さきがけが閣外協力に転じたので，第
２次橋本内閣は少数単独政権となった。その後，自由民主党は
新進党からの離党者を受け入れ，1997（平成９）年９月には過半
数の議席を回復し，新進党は同年12月に解党を余儀なくされた。
翌1998（平成10）年１月には，解党した新進党から，小沢一郎を
党首とする自由党のほか，新党平和，新党友愛，国民の声，改
革クラブなどの新党が生まれた。

　1998（平成10）年４月には，民主党に民政党，新党友愛，民主
改革連合の３党が合流して新・民主党が誕生し，衆議院で93議
席，参議院で38議席を占め，衆参両院で自由民主党につぐ勢力
となった。党首には旧民主党の菅直人が就任し，旧民政党の羽
田孜が幹事長となった。

　この新・民主党が1998（平成10）年７月の参議院議員選挙で日
本共産党とともに大躍進をとげた。自由民主党が改選議席61を
大幅に下まわる44議席にとどまったのに対し，新・民主党は改
選議席18を大幅に上まわる27議席を獲得したのである。なお，
日本共産党の改選議席数は６，獲得議席数は15であった。橋本
首相が参議院議員選挙惨敗の責任をとって辞任する一方で，自
信を深めた新・民主党は非自民・非共産の野党勢力を結集しつ
つ，政権交代をめざして攻勢を強めた。

　1998（平成10）年７月には，小渕恵三内閣が成立した。小渕内
閣は自由民主党の単独与党内閣であったが，1999（平成11）年１
月に内閣改造を断行し，自由党との連立内閣となった。自自連
立内閣のもとで，政府委員の廃止，党首討論・副大臣制の導入，
衆議院議員の定数削減などを実現したが，1999（平成11）年10月
に公明党が連立政権に参加すると，自由党は2000（平成12）年４
月に連立政権から離脱した。

小泉純一郎内閣の成立

　2001（平成13）年４月，森喜朗内閣総辞職のあとを受けて小

泉 純一郎が組閣した。小泉内閣は，公明党および2000（平成12）年4月に自由党からの離脱者によって結成された保守党との連立内閣であった。保守党は，2002（平成14）年12月に解党したが，公明党との連立は維持され，2006（平成18）年9月まで5年5カ月にわたる長期政権となった。

　小泉首相は組閣にあたって，田中真紀子を外務大臣に起用するなど女性5名，民間人3名を閣僚に登用し，従来の派閥人事を排し，当時としては斬新な人事をおこなった。また，前任の小渕恵三内閣や森内閣による景気回復優先の政策から，構造改革の推進へと舵を切り，とりわけ郵政事業の民営化を打ち出した。首相公選制実現のため，憲法改正も視野に入れていた。

　2001年9月にアメリカのニューヨークの世界貿易センタービルなどで，イスラーム過激派組織アル゠カーイダによる同時多発テロ事件がおこると，国連の対テロ作戦を支援するため同年11月にテロ対策特別措置法を公布・施行した。また，2002（平成14）年9月には北朝鮮を電撃的に訪問し，最高指導者である金正日と会談し，日朝の国交正常化を進めることなどを内容とする日朝平壌宣言に署名した。

　2003（平成15）年11月の総選挙で自由民主党は240議席を獲得し，公明党との連立を維持し第2次小泉内閣が発足した（保守新党は解党して自由民主党と合併）。小泉首相は，①デフレの早期克服と名目2％の成長，②将来にわたり安心できる年金制度の構築，③世界一安全な国の復活，④予算の徹底した効率化と行政改革の推進，⑤北朝鮮問題の解決，⑥日米同盟・国際協調重視の外交・安全保障の推進を重点項目にかかげた。外交では，イラク復興支援特別措置法にもとづいて，2004（平成16）年1月に陸上自衛隊のイラク派遣部隊をイラク南部のサマーワに派遣した。

　2004（平成16）年5月にはふたたび北朝鮮を訪問して金正日と会談し，日朝双方が平壌宣言を履行することなどを確認し，北朝鮮に対し，国際機関を通じて食糧・衣料品などの人道支援を

2　混迷する政治　183

◀自衛隊のイラク派遣 (2004年〈平成16〉年4月2日) イラク南部のサマーワ自衛隊宿営地前に看板をかかげる陸上自衛隊幕僚長(左)と, 復興支援群長。(陸上自衛隊提供)

進めると表明した。なお, このとき拉致被害者のうち家族も含めて5人の帰国を実現させ, 7月にはさらに3人が帰国した。

郵政民営化については, 2007(平成19)年からの実施をめざし, 2004(平成16)年9月に「郵政民営化の基本方針」を閣議決定した。そして, 2005(平成17)年7月に郵政事業民営化法案を国会に提出したが, 同年8月に自由民主党のなかの郵政民営化に反対する議員の造反により参議院で否決された。

これを受けて, 小泉首相は衆議院を即日解散し, 郵政民営化を最大の争点にあげて総選挙をたたかい, 自由民主党は296議席を獲得して圧勝し, 自由民主党と公明党の連立与党の議席数は定数の3分の2をこえる327議席となった。なお, この選挙で初当選した議員は83名にのぼり, 「小泉チルドレン」とよばれた。

小泉首相は2005(平成17)年10月に郵政関連法案を成立させると, 内閣改造に着手し, 安倍晋三, 猪口邦子ら, 小泉改革の継承者を要所に配置し, 第3次小泉内閣を発足させた。「官から民へ」「国から地方へ」などの基本方針のもとに, ①医療, 年金などの社会保障改革, ②国・地方財政の三位一体改革の具体化, ③中国, 韓国など隣国との友好関係, ④日米同盟と国際協調の強化を優先課題としてあげた。最重要課題の郵政民営化については, 2006(平成18)年4月に郵政民営化委員会を設置し, 国営

▶**中曽根首相**(右から4人目)**の靖国神社公式参拝**(1985年) 首相や閣僚の公式参拝は、政教分離の点から議論されている。(共同通信社提供)

の日本郵政公社を2007(平成19)年10月に解散させ、郵便、郵便貯金、簡易保険の郵政3事業は日本郵政株式会社に移管され、傘下の4事業会社(郵便局株式会社、郵便事業株式会社、株式会社ゆうちょ銀行、株式会社かんぽ生命保険)に引き継がれた。

　小泉首相は、在任最後の年となった2006(平成18)年の終戦記念日に靖国神社を参拝した。これは、2001(平成13)年の自由民主党総裁選のときの公約であったが、現職の首相が靖国神社を参拝したのは、1985(昭和60)年の中曽根康弘以来のことであった。

民主党による政権交代

　小泉内閣の後継として組閣にあたったのは、「保守の再構築」「戦後レジームからの脱却」を基本的な政治姿勢とする安倍晋三であった。安全保障問題、日本人拉致問題、教育改革などを政権の目玉とし、官邸主導で実行しようとした。まず、小泉政権下で冷え切っていた日中・日韓関係の改善をはかり、2006(平成18)年10月に中国、韓国を訪問した。内政では、教育基本法の改正を実現し、小泉内閣の構造改革路線を引き継ぐとし、格差是正のための「再チャレンジ推進策」を実行しようとした。2011(平成23)年にはプライマリーバランス(基礎的財政収支)の

黒字化の達成を目標とし，当面歳出削減による財政再建をめざすとした。憲法改正については，改正のための手続きの整備，具体的には国民投票実施のための法律の制定をめざし，2007(平成19)年5月に国民投票法を成立させた。

　しかし，あいつぐ閣僚の政治資金問題，事務所費の不正計上や失言，社会保険庁のずさんな年金事務処理問題などが浮上し，国民の支持を失った。2007(平成19)年7月の参議院議員選挙での自由民主党大敗後も続投したが，9月に辞任を表明して内閣は総辞職した。その後，内閣総理大臣は福田康夫，麻生太郎とかわったが，いずれも短命に終わった。

　民主党は2003(平成15)年9月に自由党と合併し，政権の獲得をねらっていたが，2009(平成21)年8月の総選挙で圧勝した。その結果，同年9月に民主党と社会民主党，国民新党による連立内閣が成立し，民主党の鳩山由紀夫が内閣総理大臣となった。社会民主党党首の福島瑞穂が消費者・少子化担当大臣(食品安全・男女共同参画担当)，国民新党代表の亀井静香が金融・郵政改革担当大臣として入閣した。また，予算編成の要として

▲普天間基地　アメリカ軍海兵隊の普天間基地を上空から見た様子。住宅地の中央に位置する。(共同通信社提供)

▲辺野古　普天間基地移転の候補地となっている，辺野古の周辺。(共同通信社提供)

新設を予定していた国家戦略局の担当大臣に，菅直人を副総理兼任で就任させた。

　日本の政治史上，総選挙で野党が単独過半数をえて政権交代を実現したのは，第二次世界大戦後でははじめてのことであった。衆議院で単独過半数を獲得したにもかかわらず，社会民主党，国民新党と連立を組んだのは，参議院で過半数を確保するためであった。

　鳩山内閣は「脱官僚依存」をかかげ，2009（平成21）年11月に行政刷新会議による事業仕分を公開でおこない注目を集めたが，費用の捻出という点では十分な成果をあげられなかった。そのため，公約であった子供手当の創設，公立高校授業料の実質無償化，農家への戸別所得保障，高速道路の無料化などは修正を余儀なくされた。また，群馬県の八ッ場ダムの建設中止も地元の反対などで進まず，郵政民営化の見直しも先送りとなった。

　2009（平成21）年9月の国連総会で，鳩山首相は日本が率先して地球温暖化対策に乗り出すことを表明し，2020（平成32）年までに温室効果ガスを1990（平成2）年比で25％削減することを公約して世界の注目を集めた。沖縄の普天間基地の移設問題では，鳩山首相の発言が二転三転して迷走した。さらに鳩山首相は，首相自身や小沢一郎幹事長の政治資金問題で批判をあび，2010（平成22）年6月に辞任した。

2　混迷する政治　187

3　バブル経済の崩壊と長期不況

失われた10年

　「バブル経済」は1991（平成3）年に崩壊した。株価はピーク時の1989（平成元）年には3万8915円であったが，1992（平成2）年には1万6924円となり，56.5％も下落した。また，6大都市の地価は1990（平成2）年を100とすると，1995（平成7）年には商業地41.9，住宅地57.4，工業地67.2，全用途平均で54.7に下落した。

　金融機関は大量の不良債権をかかえ，銀行の「貸し渋り」もあって企業の設備投資が減少するとともに，所得が減少して個人消費も落ち込み，深刻な不況がつづいた（平成不況）。そして，金融機関の再編・統合，大企業のリストラ・倒産，失業率の上昇などがおこった。

　日本経済は，2002（平成14）年にようやく長いトンネルを抜け，2003年度から2007年度まで，アメリカ経済の好調と外国為替相場の円安に支えられて，ＧＤＰ（国内総生産，実質）ベースで2％程度の成長をつづけた。2002年2月にはじまった景気拡大は，それまで戦後最長であったいざなぎ景気（拡大期が1965年10月から70年7月までの58カ月）をこえて69カ月に及んだので，「いざなぎ超え」とよばれた。しかし，景気拡大の規模を比較すると，「いざなぎ超え」の経済成長率は，高度成長期のいざなぎ景気当時の水準をはるかに下まわっていた。

　1990（平成2）年から2009（平成21）年までの20年間のＧＤＰ成長率の推移をみると，1992（平成4）年に1％を切ってから低迷し，やや回復の兆しをみせる時期もあったが，バブル経済崩壊前の1990（平成2）年の水準にもどることはなかった。また，この間のＧＤＰ成長率を世界各国と比較してみると，高い成長率を誇るアジア各国に及ばないのはいうまでもないが，アメリカ，ＥＵなど先進工業国と比較しても低迷していた。また，日本の

188　第5章　現代の世界と日本

▶GDP成長率の推移

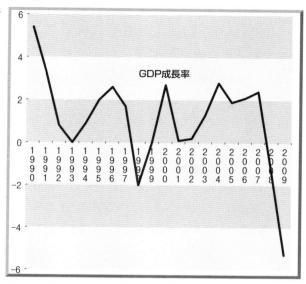

出典：内閣府『経済財政白書』平成22年版。

▼GDP成長率の国際比較

	日本	アメリカ	EU	中国	インド	アジア新興工業国	ASEAN
1990～94	2.2	2.4	1.3	10.9	4.7	7.5	7.1
1995～99	0.8	4.0	2.8	9.1	6.5	5.0	2.9
2000～2004	1.5	2.6	2.3	9.2	5.8	4.8	5.1
2005～2009	0.0	1.2	1.1	10.7	8.3	3.5	4.8

出典：IMF [2010] *World Economic Outlook Database*, April.
注：「アジア(新興工業国)」は香港・韓国・シンガポール・台湾，「ASEAN」はインドネシア・マレーシア・フィリピン・タイ・ベトナムである。

　GDPの規模もほとんど増加せず，1992(平成4)年の名目GDPは480兆円であったが，2002(平成14)年のそれも498兆円にすぎなかった。
　こうした日本経済の長期停滞は，アメリカがドル高のもとで輸入価格の低下と海外からの資本供給，さらにはIT投資を通じた生産性の上昇などによってインフレーションなき拡大を持続しているのとは対照的であった。1980年代には日米逆転が論じられたが，「日米再逆転」が論じられるようになった。
　このようなバブル崩壊後の低迷する日本経済については，し

3　バブル経済の崩壊と長期不況　189

ばしば「失われた10年」とよばれた。

規制緩和と財政構造改革

　バブル崩壊後の景気低迷のもとで，政府は規制緩和と行政改革を進めた。宮沢喜一内閣は，1992（平成4）年8月に10兆7000億円の財政支出をともなう「総合経済対策」を実施し，財政面からの景気対策を講じた。後継の細川護熙非自民8党派連立内閣は，内需の振興・輸入拡大をはかるため，1993（平成5）年に「緊急経済対策」を策定し，94項目の規制緩和の実施を決定した。また，翌1994（平成6）年には行政改革大綱「今後における行政改革の推進方策について」を閣議決定し，規制緩和を推進するための行政改革委員会が設置された。これを受けて村山富市内閣は，①住宅・土地，②情報・通信，③輸入促進・流通，④金融・証券・保険の4分野で279項目の規制緩和を打ち出し，1995（平成7）年には「規制緩和推進計画」を閣議決定した。

　しかし，細川内閣も村山内閣も，景気回復のために大規模な財政出動をくり返した。そして，1995（平成7）年9月には，公定歩合が当時としては史上最低の0.5％に引き下げられ，1995（平成7）～96（平成8）年度には景気が回復しつつあった。

　1996（平成8）年に成立した橋本龍太郎内閣は，こうした景気拡大を背景に財政構造改革をふくむ6大経済改革をかかげ，1997（平成9）年度を「財政構造改革元年」と位置づけ，同年度の予算では「聖域」なき歳出削減に取り組んだ。そして，1998（平成10）年には行政改革委員会の終了を受けて規制緩和委員会を設置した。

　しかし，1997（平成9）年半ば以降，金融機関の経営破綻による金融不安，貸し渋りによる企業倒産，さらには雇用不安が深刻な問題となった。1995（平成7）年に表面化した住宅金融専門会社（住専）処理問題は公的資金の投入で解決がはかられたものの，1997（平成9）年11月には三洋証券が経営破綻し，北海道拓殖銀行，山一証券も廃業に追い込まれた。また，1998（平成

▶山一證券の破綻　資産の返却を求める人びとの行列ができた横浜支店の様子。1997(平成9)年12月1日。(毎日新聞社提供)

10)年の後半には日本長期信用銀行や日本債券信用銀行など政府系の金融機関が経営破綻し，その後も地方銀行，生命保険，損害保険会社の破綻があいついだ。そのため，設備投資や消費が低迷し，景気が急速に悪化した。橋本内閣は，結果的に16兆円超の「総合経済対策」をおこなわざるをえなくなった。

　預金者を保護するため，公的資金の投入による金融機関の救済がはかられ，1998(平成10)年3月に大手金融機関21行に対し，総額1兆8156億円の公的資金が投入された。また，同年10月には破綻金融機関救済のために金融再生法など金融関連法案が成立し，1999(平成11)年3月には早期健全化法にもとづき，大手15行に対し総額7兆4592億円の公的資金が投入された。

　全国の銀行の不良債権は，ピーク時の2001(平成13)年度には4兆3200億円にのぼった。不良債権により経営が悪化した民間銀行は，「金融ビッグバン」が進展するなかで経営統合による再編を進めた。2001(平成13)年にはさくら銀行(1990年に三井銀行と太陽神戸銀行が合併し，92年に名称変更)と住友銀行が合併して三井住友銀行となり，2002(平成14)年には第一勧業銀行(1971年に第一銀行と日本勧業銀行が合併)，富士銀行，日本興業銀行の3行が合併してみずほ銀行が成立した。さらに2006(平成18)年には東京三菱銀行(1996年に三菱銀行と東京銀行が合併)とＵＦＪ銀行(2002年に三和銀行と東海銀行が合併)が合

3　バブル経済の崩壊と長期不況　191

併して三菱東京ＵＦＪ銀行が誕生した。こうして日本の金融業界は，三井住友フィナンシャルグループ，みずほフィナンシャルグループ，三菱ＵＦＪフィナンシャル・グループに再編統合された。

　また，1997年７月にはタイのバーツが大暴落し，以来マレーシア，インドネシア，フィリピンなど東南アジア諸国を通貨危機がおそい，この年の暮れには香港を経済危機におとしいれた。通貨危機はアジアＮＩＥＳ（Asian Newly Industrializing Economics）とよばれ成長いちじるしかった韓国，台湾をもおそい，1998（平成10）年には日本にも波及した。しかし，橋本内

	みずほグループ	東京三菱グループ	三井住友グループ	UFJグループ
銀行	第一勧銀 富士 日本興業 興銀信託 第一勧業 富士信託 安田信託	東京三菱 三菱信託 日本信託	三井住友	三和 東海 東洋信託
証券	第一勧業 富士 興銀 新光 勧角証券	東京三菱 国際 東京三菱パーソナル 一成	大和証券SBCM さくらフレンド 明光ナショナル	つばさ 三和 東海インターナショナル
親密生命	第一生命 朝日生命 安田生命 富国生命	明治生命 朝日生命	住友生命 三井生命	大同生命 太陽生命
親密損保	安田火災 日動火災 日産火災 大成火災	東京海上 日動火災 共栄火災 日新火災	三井住友海上	日本興亜火災

〔 〕損害保険ジャパン　〔 〕ミレア保険グループ　〔 〕T&D保険グループ

▲**大手銀行を中心とした金融再編**　2006年１月，三菱東京フィナンシャルグループとＵＦＪホールディングスが合併し，三菱ＵＦＪフィナンシャル・グループとなった。

閣後継の小渕恵三内閣，森喜朗内閣も10兆円をこえる大型の財政出動をくり返すのみで，金融改革は遅々として進まなかった。

　2001（平成13）年4月に小泉純一郎内閣が成立すると，規制緩和の方向性がより明確に打ち出された。小泉首相は構造改革を提唱し，2001（平成13）年4月に総合規制改革会議を内閣府に設置して医療，福祉・保育，教育，労働，農業など，社会的規制の強い分野の抜本的なシステム改革を答申した。この方針は，2004（平成16）年度以降も規制改革・民間開放推進会議に引き継がれた。

　橋本内閣時代に提起された中央省庁の再編は2001（平成13）年に実現される一方，行政機関の独立行政法人化も試みられ，2004（平成16）年には国立大学が独立行政法人となった。公社・公団の民営化に取り組み，石油公団，道路公団がつぎつぎと民営化された。また，日本郵政公社の民営化が大きな争点となり，政府系金融機関の統合も検討された。社会的規制の強い医療，福祉，教育，農業などの分野を，株式会社をはじめとする民間へ開放する試みもなされた。

貿易黒字と財政赤字

　バブル経済の崩壊後は円高が進み，原材料，燃料，機械機器など加工産業用の部品の輸入価格が相対的に低下し，企業努力によるコスト削減の効果とあいまって輸出競争力が強化された。さらに国内市場は活況を欠いて停滞的であったため，輸出圧力が強まり輸出が増加した。他方，輸入は円高にもかかわらず，国内不況のために増加せず，結果的に貿易黒字が増加した。

　国内では，円高による輸入価格の低下によって物価が低位に硬直化した。民間企業は設備投資をひかえ，コスト低下のために人件費を削減したので個人消費支出が減少し，国内市場は縮小した。そのため，製造業が不振におちいるだけでなく，中小事業者が多数を占めるサービス産業や商業など第3次産業にも深刻な影響を及ぼした。

こうしたなかで，日本銀行は1999(平成11)年３月から2000
(平成12)年８月までゼロ金利政策*，ついで2001(平成13)年３
月から2006(平成18)年３月まで量的緩和政策をとった。そのた
め日本銀行券発行高は，1990年代はじめの40兆円から2006(平
成18)年の80兆円に倍増したが，国内物価は上昇しなかった。
小泉内閣は，金融再生プログラムにより不良債権処理を進める
一方，「改革なくして成長なし」をスローガンに構造改革に着手
し，生産性の高い産業分野に資金を重点的に配分し，民営化や
規制緩和による市場メカニズムにもとづく競争原理を導入した。
小泉内閣の改革は，不良債権処理では一定の成果をあげたもの
の，所得格差や正規・非正規雇用者間の賃金格差，都市と地方
の地域格差などを拡大させた。

　　＊ゼロ金利政策　政策目標金利を実質ゼロにまで下げる金融政
　　　策。日本銀行が1999(平成11)年２月に景気回復を目的に導入
　　　した。2000(平成12)年８月に解除されたが，2001(平成13)年３
　　　月に事実上のゼロ金利政策に復帰した。その後は2006(平成
　　　18)年７月に解除されるが，2008(平成20)年12月に復活した。

リーマンショックの影響

　企業収益は2000(平成12)年以降ゆっくり回復し，2002(平成
14)年１月から2007(平成19)年10月まで69カ月にわたる戦後最
長の景気を記録した。政府や多くの経済学者が景気回復に期待
を寄せたが，2007年にサブプライムローン問題に端を発したア
メリカの住宅バブルの崩壊で，2008年９月にアメリカの投資銀
行リーマン・ブラザーズ社が破綻した。これを契機に世界的な
金融危機がおこり(リーマンショック)，日本の景気回復の可能
性も失われた。

　1975(昭和50)年以降赤字国債の発行が常態化し，政府債務額
の対ＧＤＰ比率は上昇した。国債発行の増加は金利の上昇をも
たらし，金融機関の国債発行高を増加させて貸出を圧迫し，投
資を減少させるだけでなく，国債費の増加により財政を硬直化
させた。事実，銀行の資産に占める国債のシェアは1995(平成

▶リーマンショックの新聞記事（朝日新聞，2008〈平成20〉年9月16日付）　サブプライムローンが不良債権になったことから，アメリカの投資銀行であるリーマンブラザーズ社が破綻（倒産）し，これをきっかけに世界的な金融危機がはじまった。

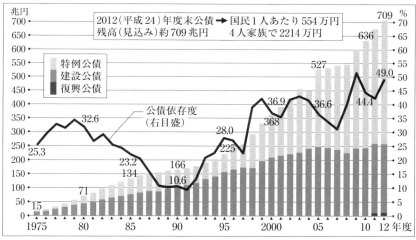

▲公債残高と公債依存度の推移（大蔵省・財務資料などによる）

7）年以降増加し，2005（平成17）年には13％を占めるようになった。

　民間企業の設備投資額は1990年代半ば以降70兆円前後で停滞していたが，2009（平成21）年，2010（平成22）年には62兆円へとさらに低下した。国債発行額は2005（平成17）年度をピークに減少したものの，リーマンショック後ふたたび増加し，2011（平成23）年度には2005（平成17）年度の水準をこえた。2011（平成23）年3月末現在の普通国債（新規財源債と借款債）及び財政投融資特別会計国債の残高755兆円のうち67％は10年以上の長期国債で，さらに30年債，40年債の超長期債の発行額も増加した。

3　バブル経済の崩壊と長期不況　195

企業経営の変容

バブル経済が崩壊したあと，長期不況がつづくなかで，企業の収益は悪化し，企業統治も変容を余儀なくされた。企業収益は，株価や地価の下落による保有資産価値の低下，国内のデフレと円高による経済の停滞で悪化した。不良債権をかかえた民間銀行は，中小企業への融資を縮小して回収を急いだが，その一方で資産価値の上昇と債務返済を期待して「追い貸し」をおこなったため，経営不良企業の処理が先送りされ，不良債権が増加した。

1990年代以降，外国の機関投資家による持ち株比率が上昇し，アングロサクソン型の株主重視の傾向が強まり，企業統治や情報開示の不透明な日本的経営は再検討をせまられた。また，銀行の経営悪化と再編のなかで，銀行の安定株主としての機能は急速に低下した。

1990（平成2）年前後までの日本の上場企業の所有構造における大きな特徴は，高い株式分散度，低い経営者持株比率と低い外国人保有比率，高い法人株式保有比率，とくに金融機関・事業法人，および事業法人間の株式の相互保有，相互持ち合いにあった。この株式持ち合いは，かつて日本的経営を支え，成長志向的な企業行動を支える制度的条件となったと理解されてきた。

1990年代に入ると，外国人株主が増加し，日本企業の経営者に株主利益を重視した経営を求め，これまで維持されてきた株式持ち合いの再検討をせまる圧力となった。外国人投資家の保有比率が増加し，トヨタ，キャノン，ソニーなどの優良企業では40％をこえた。

1990年代末には，国内の機関投資家の保有比率も上昇した。少子・高齢化とともに，各家計にとって資産運用の重要性が高まったからである。安定株主（インサイダー）の減少と，投資収益の最大化を目的とする機関投資家・個人株主（アウトサイダー）の保有が増加すると，日本企業にとって敵対的買収の可能

性が高まることになる。

　また，賃金システムも大きく変容した。1990年代前半から，ベースアップが縮小しただけでなく，一部の企業では定昇が廃止され，2001（平成13）～02（平成14）年の景気後退局面では，ベースアップ・賞与の取り止めなど，基本給の調整が本格化した。

　1990年代前半には管理職に年俸制が導入されはじめ，1990年代後半になるとそれまで管理職に限定されていた成果主義賃金が一般従業員にまで拡大された。

4 社会の変容と文化

転換期の1995年

　1995(平成7)年は,「戦後50年」の節目(ふしめ)の年であったが, 日本は戦後最大の不況(平成不況)にみまわれていた。バブル経済崩壊の後遺症は重く, 信用組合や銀行の倒産など金融機関の破綻があいついだ。その一方で, 政府財政はますます悪化し, 財政再建をめざして消費税を3%から5%に引き上げ, 医療費の患者負担増など社会保障改革を進めたが, かえって消費の縮小を招き, 不況は深刻化した。さらに, 薬害エイズ問題での資料隠し, 大蔵官僚の不正蓄財や接待づけ, 公務員の官官接待や裏金づくりなどが明るみに出て, 政治・行政への国民の信頼は地に落ちた。

　1995(平成7)年は, 阪神・淡路大震災で明けた。1月17日の未明, 午前5時46分, 突如マグニチュード7.3の大地震が阪神・淡路地域をおそったのである。山陽新幹線の高架橋は落下し, 阪神高速道路も倒壊した。神戸市役所や神戸市立西市民病院の建物も一部の階が崩壊した。きびしい耐震基準にしたがって建設されたはずの建造物が, またたくまに崩壊したのである。

　鉄道, 道路, 電気, 水道, 電話, ガスなどのライフラインは

◀阪神・淡路大震災で横倒しとなった橋脚(きょうきゃく)　京阪神地方を襲ったマグニチュード7.3, 震度7の大地震による死者は5000名をこえた。(毎日新聞社提供)

寸断された。そのうち，電気は約1週間，電話は約2週間，水道と都市ガスは約3カ月で復旧したが，鉄道の復旧には7カ月，高速道路の復旧には1年8カ月もの時間を要した。全壊・全焼は約20万世帯，半壊・半焼は約29万世帯に及び，避難者を収容するスペースが不足した。危機管理が不十分で，救出・救援活動がおくれ，死者は1995(平成7)年4月14日までに5502人にものぼった。自衛隊や消防署などの公的な救援がおくれる一方で，被災地の惨状を知った学生などの若者がかけつけ，ボランティアとして活躍した。

同年3月20日には，新興宗教団体オウム真理教の教徒による地下鉄サリン事件がおこった。東京都内の営団地下鉄(現，東京メトロ)丸ノ内線，日比谷線，千代田線の電車内で猛毒のサリンがまかれ，乗客や駅員13名が死亡し，6000人以上が重軽傷を負った。大都市で一般市民に向けて化学兵器が使用された無差別テロとして，世界に大きな衝撃をあたえた。

また，9月には沖縄でアメリカ海兵隊員による少女暴行事件が発生し，沖縄県民の怒りが爆発した。沖縄本島の約20％がアメリカ軍基地によって占められていたが，これを契機に，アメリカ軍基地の縮小・撤去や，日米安保体制の見直しをせまる声が高まり，県知事によるアメリカ軍用地強制使用手続きの拒否，基地縮小・地位協定の見直しを求める県民投票などへと発展していった。

そして，年の暮れの12月には日本の核燃料サイクルの中核を担う動力炉・核燃料開発事業団(動燃)の高速増殖炉「もんじゅ」(福井県敦賀市)がナトリウム漏れ事故をおこし，事故後の調査報告の一部隠匿や福井県や敦賀市への事故通報のおくれが問題となった。動燃は，1997(平成9)年3月にも東海事務所のアスファルト固化施設で火災と爆発をおこしたが，消防への火災通報や茨城県への放射能漏れの通報におくれが生じた。こうして，原子力への安全神話も崩壊した。

1995(平成7)年を転機に，日本社会は20世紀末から21世紀へ

の不安な時代を迎えることになった。

冷戦の終結と安保体制の変容

東西対立の一方の極であったソ連邦の崩壊で,冷戦の時代は完全に幕を閉じた。しかし,旧ユーゴスラビアなどでは,民族と宗教に根ざした深刻な地域紛争があとを絶たなかった。

冷戦終結後は,アメリカの対外的影響力がふたたび高まり,1991(平成3)年はじめには,クウェートに侵攻したイラクに対して,アメリカ軍を主力とする「多国籍軍」が,国連決議を背景に武力制裁を加えた(湾岸戦争)。アメリカに「国際貢献」をせまられた日本は,「多国籍軍」に多額の資金援助をおこなったが,続発する地域紛争に国連平和維持活動(PKO)で対応する動きが国際的に強まるなか,1992年9月から内戦のつづくカンボジアなどへ自衛隊を派遣した。自衛隊の海外派遣の違法性などをめぐって意見が対立したが,1992(平成4)年6月に宮沢喜一内閣のもとで国連平和維持活動(PKO)協力法が成立し,PKOへの自衛隊の海外派遣が可能となったのである。

宮沢首相とアメリカのジョージ・ブッシュ大統領は,1992(平成4)年1月に「日米グローバル・パートナーシップ東京宣言」を発表した。これは,日米両国がアジア太平洋地域に死活的な利害を有するという認識のもとに,冷戦後のアメリカの世界戦略にそって日本が地球規模で軍事協力をおこなうことを宣言したものであるが,1996(平成8)年4月のクリントン大統領と橋

◀カンボジアでのPKO(1992〈平成4〉年10月)本格的にはじまった国道3号の道路工事にたずさわっている自衛隊員の様子。(ユニフォトプレス提供)

本龍太郎首相の「日米安保共同宣言」に引き継がれ，より明確となった。1996（平成8）年以後，日本の自衛隊は，1993（平成5）年にはモザンビーク，1994（平成6）年にはザイール（現，コンゴ民主共和国），1996（平成8）年にはゴラン高原，2002（平成14）年にはティモールに派遣され，2001（平成13）年のアフガニスタン戦争や2003（平成15）年のイラク戦争でも，一連の特別措置法にもとづき自衛隊が派遣されることになった。

経済のソフト化・サービス化

　日本では1970年代半ばに，産業別の国内総生産に占める第3次産業の割合が50％をこえ，経済のサービス化が進んだ。サービス化とは，経済のなかでモノではないサービスの比重が高まることで，こうした社会を脱工業化社会ということもある。

　経済のサービス化が進んだ背景には，ＩＴ革命に支えられた情報通信産業の発達，所得水準の向上や余暇時間の増加によるレジャーや旅行関連産業の成長，女性の社会進出などにともなう外食産業の増加，高学歴化による教育産業や高齢社会を迎えての福祉関連産業の拡大などがある。

　また，サービスをモノ（ハード）ではないソフトと考えると，経済のサービス化とは経済のソフト化でもある。経済のソフト化は，第3次産業を中心に展開されているが，第2次産業である製造業，とりわけ加工組立産業でも進んでいる。

　製造業では，ＩＴ化などにともなって知識を集約した生産が増加しており，モノの製造以上に研究開発や設計などのソフト部門の比重が高まったり，特許・ブランドなどの知的財産権というソフト部門の生産要素の価値が高まったりしている。このように産業のＩＴ化・知識集約化は，経済のサービス化・ソフト化と重なりあいながら進行しているのである。

4　社会の変容と文化　201

◀1997(平成9)年3月22日の「東京おもちゃショー」での様子　圧倒的な人気を博し，行列がつづき，入場制限がおこなわれた。(共同通信社提供)

バブル経済崩壊後の文化

　バブル経済の崩壊後，地方自治体の税収は大きく落ち込み，1993(平成5)年を境に文化関係経費は減少に転じた。バブル期に盛んに建設された美術館や文化会館の建設が抑制されたのである。また，1995(平成7)年に「Windows95」が発売され，インターネットが普及すると，日本人の活字離れが進行し，書籍や雑誌の売上げが1996(平成8)年をピークに急激に落ち込んだ。

　おもちゃ文化でもデジタル化が進んだ。1996(平成8)年に任天堂が発売した「ポケットモンスター」というキャラクターが子どもたちの人気を集め，1998(平成10)年には「ポケットピカチュウ」なる携帯ゲームが登場した。1996(平成8)年には「たまごっち」というデジタルペットが登場し，女子中高生の人気を集め，やがて世代を問わずに普及した。

　自動車では，環境にやさしいエコカーが登場した。トヨタ自動車は，1997(平成9)年に電気とガソリンを効率よく使い分けるハイブリッドカー「プリウス」を発売した。

　スポーツや芸能の面でも新しいタイプのスターが登場した。1995(平成7)年には，プロ野球選手の野茂英雄がアメリカ大リーグのロサンゼルス・ドジャースに移籍し，「トルネード」と名

づけられた投法で新人王に輝くほどの活躍をみせた。サッカーでは，日本代表選手の中田英寿が1998年にイタリア・セリエAのペルージャに移籍し話題をよんだ。芸能界では，5人の男性からなる人気歌手グループSMAPが結成され，国民的アイドルに成長した。

5 当面する諸問題

　1945(昭和20)年からはじまる戦後日本の歴史は，ほぼ以上述べてきたとおりであるが，21世紀を迎えて，日本社会はさまざまな課題に直面している。まずは，少子高齢社会の問題である。日本の人口は，2010(平成22)年には1億2806万人であったが，2045年には1億人を割り込み，しかも少子化・高齢化が急速に進展すると予測されている。総人口に占める65歳以上の高齢者の割合が7％をこえる社会を高齢化社会，14％をこえる社会を高齢社会とよび，21％をこえると超高齢社会といわれるが，2020年には27％に達すると予測されている。

　少子高齢社会は，家族や地域社会の機能を縮小させるばかりでなく，労働人口の減少によって国内需要の減少や労働力の供給不足をもたらし，経済成長を阻害する。また，税収や保険料収入が減少し，国民生活のセーフティネットともいえる社会保障制度にも深刻な影響を及ぼすことになる。

　高齢者対策としては，1997(平成9)年に公的介護保険制度を

▶年齢別にみた日本の
人口構成

総人口1億2,780万人（2013年10月1日現在）
男性総数 6,218万人　　　　女性総数 6,562万人

年齢	男性	女性
85歳以上	115	293
80	176	273
	268	346
70	334	385
65	376	410
60	522	541
	413	419
50	382	382
	400	396
40	470	461
	493	479
30	410	399
	367	355
20	325	312
15	312	296
	303	289
10	281	268
0	272	259

高齢者人口　20.4％　26.0％

生産年齢人口　65.8％　61.6％

年少人口　13.8％　12.4％

500万人 400 300 200 100　0　100 200 300 400 500
（総務省統計局資料による）

204　第5章　現代の世界と日本

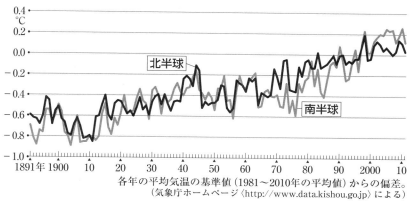

▲世界の年平均地上気温平年差の推移

制定し，75歳以上の高齢者を対象に後期高齢者医療制度を整備した。また長期的に信頼できる公平な年金制度への改革などもおこなわれている。

　地球の温暖化や生態系の破壊など，環境破壊も深刻な問題である。1972(昭和47)年にスウェーデンのストックホルムで国際連合人間環境会議が開かれ，環境問題が地球的規模に拡大し，人類共通の課題となったことを印象づけた。しかし，その一方で，開発が環境汚染や自然破壊をもたらすとする先進国と，経済発展による貧困や人口増加からの脱却がもっとも優先されるべきであるという発展途上国の主張が真っ向から対立した。

　1997(平成9)年には地球温暖化防止京都会議が開催されて京都議定書が採択され，先進国の地球温暖化ガス削減目標が定められた。また，2000(平成12)年には循環型社会形成推進基本法(リサイクル法)が施行され，包装容器や家電などのリサイクルが法制化され，循環型社会の形成がめざされることになった。

　原子力は地球温暖化への影響が少なく，しかも安価で大量のエネルギーを供給することができるとされ，田中角栄内閣のもとで1974(昭和49)年に電源三法＊が成立して以来，日本各地に原子力発電所(原発)が建設された。電源三法とは，電源開発促

5　当面する諸問題　205

進税法，電源開発促進対策特別会計法，発電用施設周辺地域整
備法の総称であるが，これによって電気料金にふくまれる電源
開発促進税から，原発の立地地域に多額の交付金が流れ込む仕
組みができあがった。

> ＊電源三法　1960年代以降，日本の電力は火力発電への依存を
> 強めていたが，1973（昭和48）年の第１次石油危機による混乱を
> ふまえて，火力発電以外の電源を開発することになった。電
> 源三法は，電源開発がおこなわれる地域に補助金を交付し，
> 発電所の建設など電源開発を円滑に進めようとしたもの。水
> 力発電や地熱発電も対象となっているが，原子力発電がもっ
> とも注目されている。

　しかし，1995（平成７）年の高速増殖炉「もんじゅ」の事故や
1999（平成11）年の茨城県東海村の臨界事故，2011（平成23）年３
月11日の東日本大震災における東京電力福島第一原子力発電所
の事故などによって，原子力行政への批判が高まり，エネルギ
ー政策そのものが問い直され，太陽光，風力，地熱，バイオマ
スなどの再生可能エネルギーの開発が進められている。

　なお，東日本大震災のマグニチュードは日本周辺では観測史
上最大級の9.0で，巨大津波が発生し，東北地方と関東地方の
沿岸部に壊滅的な被害をもたらした。

　食料・農業をめぐる問題も重要である。日本は，アメリカな
どの強い要求によって，1991（平成３）年に牛肉・オレンジの輸
入を自由化し，1993（平成５）年にはＧＡＴＴのウルグアイ゠ラ
ウンドで農産物の輸入制限を撤廃し，関税による農産物の輸入
調整に合意した。また，食糧管理特別会計の赤字が増大し，米
の生産・流通にも市場原理が導入されて，1994（平成６）年に新
食糧法が制定され，翌1995（平成７）年には食糧管理制度が廃止
された。

　1999（平成11）年には，関税化による米の輸入自由化に踏み切
り，国民のための農業政策という観点から，食料の安定供給の
確保，農村の多面的機能の維持を目的として，「食料・農業・
農村基本法」が制定された。また，2005（平成17）年には農地法

▶東京湾岸に建設された高層マンション群(東京都江東区東雲しののめ, 2011〈平成23〉年, 共同通信社提供)

が改正され, 株式会社が農地を保有できるようになった。

　こうして, 農産物の加工・直販と外食部門を組み合わせたアグリビジネスや, インターネット販売, バイオテクノロジーの導入など, 新しい動きがはじまった。農業者が, 工業(第2次産業), 商業・サービス産業(第3次産業)に進出する, いわゆる6次産業化によって付加価値を高めようという試みもなされている。

　情報化の進展もいちじるしく, 個人が私的に情報機器を活用するようになった。携帯電話の台数が一般の加入電話を上まわり, インターネットの利用が進んでコンピュータが家電製品化するなど, 新たな需要を生み出しつつ, 人びとの生活をかえている。情報化の進展は, 企業活動にも大きな変化をもたらした。国境をこえ, 全地球的な規模でリアルタイムに情報を収集・交換できるようになり, 企業活動のボーダレス化が進んだ。

　こうしたなかで, 地域社会は大きく変貌した。バブル経済崩壊後, 地価の下落によって都市部の住宅価格は安定したが, あいつぐ再開発で大規模高層マンションが林立し, 人口の集積度は高まった。一方で, 郊外の団地では住人が急速に高齢化し, 学校の統廃合なども生じている。

　地方では, 少子高齢化の影響はより深刻で, 過疎化がいちじるしく進行している。高速道路や新幹線が整備される一方, 在

来線の運行本数が減り，駅前の商店街などは「シャッター通り」となった。一時の観光ブームにのったリゾート開発や，雇用機会の拡大をねらった工業団地の造成などはあまり成果をあげることができず，第三セクター鉄道などの赤字に苦しむ自治体もある。財政難に苦しんでいる地方公共団体も多く，2007（平成19）年には北海道の夕張市が財政再建団体*となった。地方公共団体の歳入に占める国庫支出金の割合は減少傾向にあり，かわって地方債の割合がふえている。

　＊**財政再建団体**　財政の赤字額が標準財政規模の5％（都道府県）または20％（市区町村）をこえ，独力での再建が見込めず，地方財政再建促進特別措置法にもとづいて，国の援助協力のもとに赤字の解消をめざす地方公共団体。

　雇用と労働をめぐる問題も深刻である。1990年代以降の長期にわたる不況のなかで，終身雇用制や年功序列型賃金制はくずれ，労働者は中核的な社員として正規採用された少数の社員と，派遣労働者，パートタイマー，アルバイトなどの非正規労働者に二極分解し，若年層ではフリーターやニートなどとよばれる長期失業者が生まれた。

　経済成長には長期安定雇用を土台とした技能や知識の伝承が必要であるが，非正規労働者の増加はそれを損なうおそれがある。少子高齢化で労働力人口が減少することが予想されるので，女性や高齢者の活用，外国人労働者の受け入れなどが大きな課題となろう。

　アメリカやEUなど先進諸国との関係は成熟期に達し，中国やインドなどのアジア諸国やASEAN諸国でも経済成長が進み，日本経済はアジア地域への依存度を深めている。また，アメリカ経済が減速し，EU諸国では信用危機が広がっている。こうして，日本をとりまく国際環境が大きくかわりつつあるなかで，どのような舵取りをしていくかが問われている。

　日本は，国連中心外交，自由主義諸国との協調，アジアの一員としての立場を外交三原則としてかかげ，国連安保理の非常

▶安全保障関連法案に反対する集会　国会前の道路を埋めつくす人たち(2015〈平成27〉年8月，共同通信社提供)

任理事国に何度も選出されてきた。国連分担金の負担額も世界第2位で，政府開発援助(ODA)も多額にのぼる。しかし，現在，多くの外交上の課題をかかえている。

　ロシアとは，国後島，択捉島，歯舞群島，色丹島からなる，いわゆる北方領土問題が未解決で，いまだ平和条約が締結されていない。竹島の帰属をめぐる韓国との関係，尖閣諸島をめぐる中国や台湾当局との関係など，外交交渉による解決が求められている問題が山積している。

　民主党政権が崩壊したあと，政権は自由民主党にもどり，第2次安倍晋三内閣が誕生した。安倍政権は，戦後レジームからの脱却をスローガンにかかげ，これまでの憲法第9条の解釈を大きく変更し，集団的自衛権を行使できるよう，2015(平成27)年に安全保障関連法案を強行に成立させた。同法案に関しては，専門家から憲法違反の疑いも指摘されていたが，安倍政権は自由民主党と公明党の与党で衆参両院の議席の過半数を占めるという数の力で押し切った。今や，立憲主義，民主主義が問われ，戦後70年にして日本社会は大きな曲り角に立つことになった。

索引

● あ

IMF 8条国 112
ILO87号条約の批准 109
アイゼンハワー 83
IT改革 201
「アイビー・ルック」 137
アウンサン 11
『青い山脈』 47
青空教室 32
赤字国債 110, 156
明石家さんま 173
赤塚不二夫 138
アグリビジネス 207
浅草線 137
浅沼稲次郎 88
アジア・アフリカ会議（A・A会議, バンドン会議） 84
芦田均 20, 54
アセアン諸国（ASEAN, 東南アジア諸国連合） 178
麻生太郎 186
『あたらしい憲法のはなし』 30
アチソン 53
アトリー 3, 11
アプレゲール 45
尼崎製鉄 112
奄美群島 70
アラブ石油輸出国機構（OAPEC） 151
荒正人 45
有吉佐和子 138
アルバイト 208
安保改定阻止国民会議 95

● い

「家」 21
池田勇人 56
「いざなぎ景気」 111
「いざなぎ超え」 188
イザヤ・ベンダサン（山本七平） 139
石川一郎 54
石坂洋次郎 47
石橋湛山 86
石母田正 45
「イタイイタイ病」 117
「一億玉砕」 1
「一億総懺悔」論 6
1億総中流社会 169
市川房枝 15

一万田尚登 93
「1県1国立大学」 32
伊藤絹子 81
伊藤忠商事 114
イトマン事件 168
稲山嘉寛 148
井上光晴 138
イラク復興支援特別措置法 183
イラン革命 157
岩宿遺跡 78
「岩戸景気」 97
インサイダー取引 167
インスタント食品 132
インドシナ戦争 85
インドネシア共和国 11
インドネシア連邦共和国 11

● う

ウォークマン 173
「うさぎ小屋」 169
「失われた10年」 190
薄板価格 102
宇宙船アポロ11号 83
梅棹忠夫 140
梅崎春生 45
梅津美治郎 7
ウルグアイ=ラウンド 206

● え

「衛星国」化 49
A級戦犯 16
「エコノミック・アニマル」 169
江崎玲於奈 139
SDI（戦略防衛構想） 163
択捉島 69, 92
エドワーズ調査団 23
NHK 47, 77
エネルギー革命 151
エネルギー転換 101
ME（マイクロ=エレクトロニクス） 158, 162
MSA協定 67
エリツィン 177
LD転炉 102
エンゲル係数 131
円高の進行 165
円高不況 157, 166

● お

OECD（経済協力開発機構） 112
「黄金の60年代」 96
王貞治 139, 173
王子製紙 25
近江俊郎 78
鴨緑江 62
大麻唯男 86
大江健三郎 138, 173
大岡昇平 138
「大きな政府」 160
大下弘 48
大相撲 48, 139
大塚久雄 45
大野伴睦 55
大平正芳 145
小笠原諸島 69, 70
緒方竹虎 86
沖縄 53, 69, 199
沖縄県祖国復帰協議会 71
沖縄返還 125
小沢一郎 181
小田実 124
オードリー・ヘップバーン 76
オフィス=オートメーション 158
「お笑いブーム」 173

● か

海外進出ブーム 114
海外旅行 133
外貨準備高 143
外航船舶建造融資利子補給法 85
外国為替市場 142
買占め 102
海上警備隊 67
海上保安庁 61
外食産業 132
改正農地調整法 26
『改造』 43
買出し 35
「街頭録音」 47
開放経済体制 178
海洋汚染防止法 119
「学園紛争」 134
「核家族」 122
革新自治体 122
「角福戦争」 145
核兵器 50
核兵器拡散防止条約 83
「核抑止論」 50
加工組立産業 162
笠置シヅ子 47
貸し渋り 188
柏戸 139
カストリ雑誌 48

過疎 114
過疎問題 114, 122
家族制度 21
過疎地域対策緊急措置法 122
片山哲 13, 41
ガチャマン景気 71
学校教育法 31
GATT（関税及び貿易に関する一般協） 49, 74, 91
GATT11条国 112
家電製品 102
過度経済力集中排除法 25
「カネ余り」現象 164, 166
過密 114
過密・過疎問題 114
亀井静香 186
「カラオケ」 173
樺太・千島交換条約 69
過労死 158
河上丈太郎 86
川上哲治 48
川崎重工 25
川崎製鉄 25
川島武宜 45
為替レート 57
河出文庫 173
川端康成 138
環境庁 160
環状7号線 137
間接投資 164
間接統治 7
「寛大な講和」 64
姦通罪 21

● き

議院内閣制 20
議会制民主主義 20
機関委任事務 22
企業活動のボーダレス化 207
企業合理化促進法 72
企業集団 106
企業別組合 29
基軸通貨 142
「疑似二大政党」 90
岸信介 86
技術革新 97
規制改革・民間開放推進会議 193
規制緩和 160
規制緩和委員会 190
寄生地主制 26
北大西洋条約機構（NATO） 50

基地 63
キッシンジャー 141
木戸幸一 6
紀ノ國屋
基本的人権の尊重 20
「君の名は」 76
金大中 178
金日成 61
金泳三 178
「逆コース」 68
旧円 37
旧宗主国 11
牛肉・オレンジの市場開放 127
牛肉・オレンジの輸入を自由化 206
QCサークル 162
キューバ危機 83
教育委員会 32
教育改革 161
教育基本法 31
教育基本法の改正 185
教育勅語 32
「教育二法」 68
教科書 30
共済組合 107
行政改革 161
教職追放令 30
行政改革委員会 190
行政機関職員定員法 58
「玉音放送」 1
「極東」 66
極東委員会 10
極東国際軍事裁判所 17
拒否権 2
居留民 34
緊急経済対策 166
「近代的人間類型の創出」 46
『近代文学』 45
均分相続 21
金脈問題 156
勤務評定(勤評) 94
金融緊急措置令 37
金融再生法 191
金融商品 166
「金融ビッグバン」 191

● く
空気座 48
国後島 69,92
『くにのあゆみ』 30
『暗い絵』 45
クリスチャン・ディオール 75

クリントン 200
栗栖赳夫 55
呉羽紡績 112
黒澤明 81
黒田寿男 86
黒田了一 123
軍事機密保護法 13
軍需補償 36

● け
経済安定9原則 56
経済安定本部 38
経済援助 113
経済科学局 8
経済団体連合会(経団連) 54,105
経済同友会 87,105
経済のサービス化 201
経済のソフト化 201
『経済白書』 96
経済復興 52
「警察官職務執行法(警職法)」 94
警察予備隊 62,67
刑事訴訟法 21
傾斜生産方式 38
携帯電話 207
経団連 87
警備隊 67
ケインズ 93
「月給2倍論」 98
兼業農家 104
健康保険 107
原子爆弾 5
原子力発電所(原発) 139
建設国債 156
ケンタッキーフライドチキン 169
減反政策 105
憲法研究会 18
「憲法草案要綱」 18
憲法調査会 92
憲法問題調査委員会 18
「憲法改正要綱」 18
「減量経営」 158,162,164
言論出版集会結社等臨時取締法 13

● こ
コア・カリキュラム運動 33
小泉純一郎 182
小磯国昭 14
公安調査庁 67
「小泉チルドレン」 184

公害規制条例 123
公害対策基本法 118
公害犯罪処罰法 119
公害病 117
光化学スモッグ 119
後期高齢者医療制度 205
公共企業体等労働関係法 56
公共事業の拡大 110
公共の福祉 21
皇居前広場事件 67
公職追放の解除 53
公職追放令 13
「光進」 168
公正取引委員会 112
厚生年金制度 107
構造改革 183,194
公団住宅 107
「交通戦争」 119
公定価格 38
公定歩合の引下げ 166
公的介護保険制度 204
公的扶助 36
河野一郎 14
降伏文書の調印式 7
神戸製鋼所 112
公明党 109
5カ国蔵相・中央銀行総裁会議(G5) 165
国債 110
国際競争力 112
国際検察局 17
「国際貢献」 200
国際収支 96,111
国際通貨基金(IMF) 49,74,91
国際定期便 133
国際連合 2
国際連合人間環境会議 205
国際連盟 2
国際労働機関(ILO) 91
「国体護持」 4
国鉄 38,56,160
国道246号線 137
国内改革(ペレストロイカ) 175
国防会議 92
国防保安法 13
国民皆年金制度 108
国民皆保険 107
国民皆保険制度 108
国民健康保険 107
国民健康保険法の改正 107

国民主権 18
「国民所得倍増計画」 98
国民生活安定緊急措置法 154
国民生活安定緊急対策本部 154
国民政府 10
国民党政府軍 51
国民投票法 186
国民年金特別会計 107
国民年金法 107
国民年金保険 107
国立競技場 134
国連安全保障理事会 2,91
国連軍 61
国連食糧農業機関 91
国連分担金 209
国連平和維持活動(PKO) 200
国連平和維持活動(PKO)協力法 200
小作人 27
55年体制 90,180
戸主制度 21
「五大改革」 13
国会 18,20
国家警察 68
国家公務員法を改正 56
固定為替相場制 49,74
ゴ・ディン・ジェム 11
近衛文麿 6
コミンフォルム(共産党・労働者党情報局) 49,50
COMECON(経済相互援助会議) 50
米の輸入自由化 206
ゴルバチョフ 175
コンビナート 100,117
コンピュータ 158,207

● さ
「財界追放」 23
再軍備 93
債権国 162
財政再建 198
財政再建団体 208
財政処理特別措置法 110
財政投融資 107

財政法 110
「財テク」 166
在日アメリカ軍基地 61
財閥同族支配力排除法 25
財閥解体 23
坂口安吾 45
『桜島』 45
サッチャー 175
佐藤栄作 56, 109
サービス残業 158, 169
サブプライムローン問題 194
サンウェーブ 110
「三角大福中」 145
産業構造 99
産業構造の転換 158
産業用ロボット 158
三・三物価体系 38
「3C」 131
「三種の神器」 129
「三ちゃん農業」 104
「三等重役」 25
サンフランシスコ平和条約 64
サンフランシスコ講和会議 63
「三無主義」 134
山陽特殊製鋼 110
「サンリオピューロランド」 170
残留孤児 34

● し
「地上げ」 167
椎名麟三 45
自衛隊 67
GNP(国民総生産) 96
CM 133
志賀義雄 45
C級戦犯 16
事業仕分 187
重政誠之 55
重光葵 6, 86
自小作農 27
色丹島 69, 70, 92
自作農 27
自作農創設特別措置法 26
資産インフレーション 167
自主管理労組「連帯」 176
市場開放 165
「事前協議」 95
『思想の科学』 46

思想犯保護観察法 13
七・七宣言 51
自治体警察 68
実質国民総生産 99
幣原喜重郎 13
地主 27
司馬遼太郎 138
ジーパン 137
CBC 中部日本放送 77
シベリア収容所 34
資本自由化 112
「志摩スペイン村」 170
下村治 98
下山貞則 59
下山事件 59
シャウプ 58
社会科 30
「社会開発」 109
社会保障改革 198
『写真時代』 173
「シャッター通り」 208
『傾陽』 45
『写楽』 173
「ジャルパック」 133
『週刊明星』 94
衆議院 18
従軍慰安婦問題 65
集合住宅群 122
重厚長大型 100
「修身」 30
終身雇用 106
終身雇用制 208
住宅金融専門会社(住専)処理問題 190
住宅問題 121
集団的自衛権 209
自由党 63, 85
18カ国一括加盟案 91
自由貿易体制 49
「住民自治の原理」 22
自由民主党 89
主権在民 20
首都高速道路公団 136
主要7カ国蔵相・中央銀行総裁会議(G7) 165
循環型社会形成推進基本法(リサイクル法) 205
純債務国 164
準新産業都市 100
春闘方式 106
省エネルギー 157
蒋介石 51
証券投資 164

証券取引法54条違反 168
少子高齢社会 204
少女暴行事件 199
小選挙区比例代表並立制 180
象徴天皇制 18
常任理事国 2
「消費革命」 129
消費者米価 105
消費税 161, 198
「消費は美徳」 129
情報公開(グラスノスチ) 175
「昭和元禄」 129
昭和電工事件 55
食生活の洋風化 132
食品工業 132
食糧管理制度 104
食糧管理特別会計 206
「食料・農業・農村基本法」 206
食糧不足 75
食糧メーデー(飯米獲得人民大会) 36, 42
ジョージ・ケナン 52
女性参政権 15
女性の社会進出 201
「庶民宰相」 145
ジョンソン 125
白井義男 81
『死霊』 45
新円 37
『真空地帯』 45
「新経済政策」 141
「人権指令」 15
人工衛星スプートニク 83
新産業都市 100
「新三種の神器」 130
人事院 56
新食糧法 206
新生党 180
新全国総合開発計画 114
「新長期経済計画」 114
新党結成促進協議会の大会 86
新党さきがけ 180
「人道に対する罪」 16
新日本製鉄 113
新日本窒素 117
新日本婦人同盟 15
『新日本文学』 45
新日本放送 77
新保守主義 160
新民法 20
「神武景気」 97

『深夜の酒宴』 45
「新冷戦」 175

● す
枢軸国 2
枢密院 19
「数量景気」 96
スエズ戦争(第2次中東戦争) 97
すかいらーく 132, 169
スカルノ 11
鈴木貫太郎 6
鈴木茂三郎 88
鈴木安蔵 18
「スタグフレーション」 156
スターリン 3
スーパーマーケット 115
スハルト 114
スプロール化 122
「スペースワールド」 170
スミソニアン協定 143
住友商事
「速やかな経済復興」 25

● せ
成果主義賃金 197
生活保護法 36
「生産管理闘争」 28, 29
生産者米価 105
政治改革関連法 180
政治資金規正法改正 180
「聖断」 5
『成長の限界』 156
政党助成法 180
政府開発援助(ODA) 209
政令201号 52
『世界』 43, 46
世界銀行 49
世界保健機関(WHO) 90
石油危機 151
石油緊急対策要綱 152, 153
石油需給適正化法 154
石油二法 154
設備投資 73
設備投資ブーム 97
「節約」 129
ゼネラル=ストライキ

（ゼネスト）39
ゼロ金利政策 194
繊維製品の対米輸出規制 127
尖閣諸島 209
全学連（全日本学生自治会総連合）95
仙花紙 48
全官公庁労働組合連絡協議会 54
「1965年不況」109
全国的交通ネットワーク 115
全国総合開発計画（第1次全総）100
全国労働組合共同闘争委員会 39
「戦後政治の総決算」160
戦後対策婦人委員会 15
戦後派 44
「潜在的戦争能力の排除」25
戦時国際法 16
戦争孤児 42
戦争放棄 18
全逓信労働組合（全逓）54
全日本産業別労働組合会議（産別会議）29
専売公社 56, 160
船舶振興会 38
泉北ニュータウン 122
千里ニュータウン 122
占領軍 65
占領地行政救済資金（ガリオア資金）75

● そ
早期健全化法 191
総合規制改革会議 193
総合経済対策 166, 190
総合雑誌 43
「総需要抑制」155
「増税なき財政再建」159
造船疑獄事件 85
造船業 73
租税特別措置 103

● た
第1次産業 99
第1次資本自由化 112

第1次石油危機 96, 157
第1次地方自治改革 22
第1次農地改革 22
第1回原水爆禁止世界大会 69
ダイエー 115
対外証券投資 164
大韓民国（韓国）50
大気汚染防止法 119
大規模高層マンション 207
第90臨時帝国議会 19
耐久消費財 129
第3次産業 99, 201
第三セクター鉄道 208
大西洋憲章 2
大選挙区制限連記制 14
第二次世界大戦 1
第2次産業 99
第2次石油危機 157
第2次農地改革 26
第2種兼業農家 104
第2臨時行政調査会 19
大日本帝国憲法（明治憲法）18
大日本麦酒 25
太平洋ベルト地帯 99
大鵬 139
代用食 35
「太陽政策」179
第四次全国総合開発計画（四全総）167
大陸間弾道弾（ICBM）50, 83
第63回国土総合開発審議会 114
台湾 51
高碕達之助 84
高野岩三郎 18, 45
高橋和巳 138
「多極化」83
竹内好 78
竹島 209
武田泰淳 45
武村正義 180
「多国籍軍」200
太宰治 45
立花隆 172
「脱官僚依存」187
脱工業化社会 201
多党化 109
「多党化時代」128
田中角栄 145
田中康夫 172
多摩ニュータウン 122

田村泰次郎 48
『堕落論』45
ダレス 63
俵万智 172
男女同権 21
団体観光ツアー 133
「団体自治の原理」22
団体等規正令 60
「団地族」121, 132
単独講和 63

● ち
治安維持法 10, 13
治安警察法 13
地域教育計画運動 33
地域紛争 200
「小さな政府」175
地下鉄サリン事件 199
地球温暖化対策 187
地球温暖化防止京都会議 205
千島列島 69
知的財産権 201
血のメーデー事件 67
ちばてつや 138
地方公共団体 22
地方債 208
地方財政法 22
地方自治の本旨 21
地方自治法 22
地方税法 22
チャウシェスク 176
チャーチル 2, 3
中央公害対策本部 119
『中央公論』43, 46
中華人民共和国 51
中華民国政府 51
「中間小説」138
「中間指令」10
中距離核戦力（INF）全廃条約 176
中公文庫 173
中国共産党軍 51
中国の経済特区 178
中国の国連復帰 144
中小企業 105
中小企業基本法 105
中小企業近代化促進法 105
中小企業金融公庫 105
『中世的世界の形成』
中ソ友好同盟相互援助条約 51
中流意識 134, 169

長期保守政権 90
長距離通勤 169
「超高層ビル」137
「超国家主義の論理と心理」46
長時間労働 169
朝鮮戦争 61
朝鮮民主主義人民共和国 50
『潮流』43
直接税中心主義 58
直接投資 164
直接統治 7
「地理」30
陳水扁 179

● つ
「通勤地獄」122
「妻よねむれ」45
「冷たい戦争」（「冷戦」）50
鶴見和子 46
鶴見俊輔 46, 124

● て
ディーラーシステム 116
デタント（緊張緩和）175
手塚治虫 138
鉄鋼業 73
『鉄腕アトム』138
デフォルト（債務不履行）164
「テーマパーク元年」169
暉峻淑子 169
テレビアニメ 138
テレビ放送 130
テロ対策特別措置法 183
天安門事件 179
天気予報 42
電源開発株式会社 72
電源開発促進対策特別会計法 206
電源開発促進税法 205
電源三法 205
電電公社 160
天皇 17
天皇制 10
『展望』43

● と
統一地方選挙 123
統一ドイツ 177
東欧革命 177
東海道新幹線 135

灯火管制 42
冬季オリンピック（札幌）135
投機防止法 150
東京オリンピック 109, 135
東京裁判 17
東京ディズニーランド 169
「東京ブギウギ」 47
東京六大学野球 48
「投資が投資をよぶ」 103
同時多発テロ事件 183
東条英機 17
鄧小平 179
「東武ワールドスクウェア」170
東宝争議 54
藤間生大 45
『東洋経済新報』92
東洋紡績 112
動力炉・核燃料開発事業団（動燃）199
特殊需要（特需）71
独占禁止法 25
徳田球一 13
徳永直 45
特別高等警察の廃止 10
徳間文庫 173
独立行政法人化 193
独立国家共同体（CIS）177
土光敏夫 159
ド・ゴール 83
都市銀行 106
都市政策調査会 123
「土地ころがし」167
土地成金 150
ドッジ 57
ドッジライン 57
都道府県警察 68
都道府県知事や市町村長の公選制 22
ドーナツ化現象 121
トーメン 114
朝永振一郎 139
トヨタ自動車 116
ドルショック 142
ドル高・円安傾向 164
ドル防衛策 142
トルーマン 3, 49
トルーマン＝ドクトリン 49
登呂遺跡 78

● な
内閣総理大臣 20
内需拡大 157, 166
内務省 22
中内功 115
「長崎オランダ村」169
長嶋茂雄 139, 173
中曽根康弘 145, 175
中根千枝 139
中野重治 45
７３１部隊 17
「なべ底不況」97
並木路子 47
「なれあい解散」56
南北問題 178

● に
「新潟ロシア村」170
ニクソン 125, 141
『肉体の門』48
西尾末広 13, 55
西側 55
「二重構造」105
NIES 178
日米安全保障条約（安保条約）65
「日米安保共同宣言」201
日米安保条約の改定 128
日米行政協定 66
「日米グローバル・パートナーシップ東京宣言」200
日米生産性増強委員会
「日米相互協力及び安全保障条約（新安保条約）」94
日米貿易不均衡 163
日米貿易摩擦 158
日棉実業 114
日露和親条約 69
日露(魯)修好通商条約 69
日華協力委員会 144
日華平和条約 144
日韓基本条約 64, 109, 113
日産自動車 112, 116
日商 87
日商岩井 114
日清食品 132
日ソ国交回復 92
中ソ対立 148
日台交流民間協定 148
日中共同声明 146,

148
日中経済協会 148
日中国交回復国民会議 144
日中国交回復促進議員連盟 144
日中平和友好条約 157
日朝平壌宣言 183
ニート 208
蜷川虎三 123
日本開発銀行 72
日本学術会議 78
日本教職員組合（日教組）32
日本共産党 15
日本協同党 15
日本経営者団体連盟（日経連）54, 87, 105
日本鋼管 102
日本航空 133
日本国憲法 20
『日本古代国家』45
日本債券信用銀行 191
日本社会党 13, 15, 88
日本社会党の統一 90
「日本社会の家族的構成」46
日本車ボイコット発言 163
日本住宅公団 121
日本自由党 15
日本商工会議所（日商）105
日本新党 180
日本進歩党 15
日本生産性協議会 105
日本生産性本部 106
日本製鉄 25
日本長期信用銀行 191
日本的経営 106
日本農民組合（日農）28
日本万国博覧会 135
日本民主党 86
日本郵政株式会社 185
日本郵政公社 185
日本輸出銀行 72
日本輸出入銀行 72
「日本歴史」30
「日本列島改造論」115, 163
日本労働組合総同盟（総同盟）29

日本労働組合総評議会（総評）63
「ニュールック」75

● ね
ネルー 84
年金積立金 107
年功序列型賃金 106
年功序列型賃金制 208
年俸制 197

● の
農業会 28
農業基本法 103
農業協同組合（農協）28, 104
農地改革 10, 26
「農地改革に関する覚書」26
農地調整法 26
農地調整法改正案 26
農地報償法 109
農地法（改正）206
野坂参三 45
「のど自慢素人音楽会」47
野間宏 45
ノンバンク 168

● は
配給制 154
配給の遅配・欠配 35
ハイテク産業 158
ハイパー・インフレーション 36
「ハウステンボス」170
破壊活動防止法（破防法）67
幕僚 8
派遣労働者 208
橋本龍太郎 181
「はたちの青春」48
羽田孜 181
発電用施設周辺地域整備法 206
パートタイマー 208
鳩山一郎 14, 86
鳩山由紀夫 186
羽仁五郎 45
埴谷雄高 45
「バブル経済」166
歯舞群島 69, 70, 92
「ハーモニーランド」170
バラック 34
パル 17
バルト３国 177

「播州平野」 45
阪神・淡路大震災 198
反ファシスト人民自由連盟（AFPFL） 11
板門店 62

● ひ
東側 50
東久邇宮稔彦 6, 13
東日本大震災 206
引揚者 34
B級戦犯 16
非自民連立内閣 90
非常任理事国 2
非正規労働者 208
ビートたけし 173
日比谷線 137
百貨店 115
平沼騏一郎 6
平野謙 45
品質管理（QCサークル）運動 106

● ふ
ファーストフード 169
ファミリーコンピュータ 173
ファミリーレストラン 169
フィリピン共和国 11
『フォーカス』 173
付加価値生産性 99
復員 34
復員将兵 34
福祉年金制度 108
福島第一原子力発電所の事故 206
福島瑞穂 186
福田赳夫 55, 145
福田康夫 186
「副都心計画」 137
不敬罪 21
藤子不二雄 138
富士製鉄 113
「双子の赤字」 164
二葉あき子 78
双葉山 48
物価統制令 37
復興金融金庫（復金） 38
ブッシュ 176
普天間基地の移設問題 187
不動産投資 166
不動産融資総量規制 168
部分的核実験禁止条約 83

『フライデー』 173
プライマリーバランス 185
プラザ合意 165
「ブラックマンデー」 165
プラハの春 84
フリーター 208
不良債権 188
『俘虜記』 45
プリンス自動車工業 112
フルシチョフ 83
古橋広之進 79
プレス=コード（新聞発行綱領） 10
浮浪児 42
プロ野球 139
プロレス 77, 139
文化勲章 79
「文化国家」 44
文化財保護法 79
文化大革命（文革） 84, 148
「文化の日」 20
文春文庫 173

● へ
平価 74
米食 132
「平成」 176
平成不況 188, 198
米ソの対立 49
米中共同声明 141
米中接近 141
『平凡』 77
『平凡パンチ』 137
「平和五原則」 84
平和主義 20
「平和に対する罪」 16, 17
ベトナム共和国 11
ベトナム国（南ベトナム） 85
ベトナム戦争 85
ベトナム独立同盟会（ベトミン） 11
「ベトナムに平和を！市民文化団体連合」（ベ平連） 124
ベトナム民主共和国（北ベトナム） 11, 85
ヘドロ 119
蛇の目ミシン工業問題 168
ベルリンの壁 176
変動相場制 142, 143

● ほ
保安隊 67
防衛大臣 68
防衛庁 67
防衛二法 93
貿易黒字問題 157
貿易摩擦 158
防空警報 42
北緯38度線 50
北爆 85, 124
保守合同 90
細川護熙 90, 180
ホー・チ・ミン 11
発疹チフス 42
ポツダム宣言 1, 3
「ポツダム勅令」 8
北方領土問題 70, 92, 209
ボランティア 199

● ま
マイカー 119
マイカー時代 131
マクドナルド 169
「マクロ好況・ミクロ不況」 110
マーシャル 49
マーシャル=プラン 49
益谷秀次 87
マス=メディア 133
「また逢う日まで」 48
「真知子巻き」 76
町田忠治 14
マッカーサー 7
マッカーサー書簡 54
松川事件 59
松下幸之助 116
松下電器 116
松村謙三 86
松本試案 18
松本烝治 18
松本清張 138
『蝮のすゑ』 45
マルクス主義 45
マルタ会談 176
丸の内線 137
丸紅 114
丸山真男 45
満州事変 2

● み
三池争議 101
三木武夫 145
三木武吉 86
三島由紀夫 138
ミスタードーナツ 169
みずほ銀行 191

ミズーリ号 7
美空ひばり 76
三鷹事件 59
三井住友銀行 191
三井物産 25, 114
三越 115
三菱重工業 112
三菱商事 25, 114
三菱東京UFJ銀行 192
水俣病 117
南樺太 69
南ベトナム解放民族戦線（ベトコン） 124
ミニスカート 137
美濃部達吉 19
美濃部亮吉 123
宮本百合子 45
民営化 160
民間情報教育局 8
民間放送 77
民社党 109
民主自由党 56
民主党 181
民政局 8
「民族大移動」 120

● む
無欠点（ZD）運動 106
無着成恭 33
村上春樹 172
村上龍 172
村山富市 181
明治節 20

● も
毛沢東 51
モータリゼーション 119, 131
持株整理委員会 23
「もはや『戦後』ではない」 96
森戸辰男 18
森喜朗 182
「もんじゅ」 199
文部省 32

● や
八幡製鉄 102, 113
山一證券 110, 190
山崎巌 6
山崎豊子 138
山梨県立美術館 170
山根寿子 78
『やまびこ学校』 33
闇価格 42
「闇」の取引 36
屋良朝苗 126
ヤルタ会談 3

● ゆ

郵政事業の民営化 183

郵政民営化 184

湯川秀樹 79

「雪どけ」 83

輸入制限 112

ユネスコ 91

● よ

洋裁学校 76

翼賛議員連盟 14

横山光輝 138

「吉田学校」 97

吉田茂 13, 54

吉田庄蔵 43

吉本ばなな 172

「四日市ぜんそく」 117

ヨーロッパ共同体（EC） 83

ヨーロッパ経済共同体（EEC） 83

四大公害訴訟 118

● ら

ライシャワー 139

ラジオ CM 77

「羅生門」 81

ラッシュアワー 169

● り

力道山 77, 139

リクルートコスモス社 167

李承晩 50

リゾート開発 170

リゾート法 167

李登輝 179

リーマンショック 194

琉球政府主席公選 126

琉球列島 70

「流通革命」 115

量的緩和政策 194

領土不拡大の原則 70

領土問題 92

臨界事故 206

臨検 94

「リンゴの唄」 42

臨時行政改革推進審議会（行革審） 160

臨時行政調査会（臨調） 159

● る

ルーブル会議 165

ルーブル合意 165

● れ

レイオフ 163

「冷戦の終結」 176

冷凍食品 132

「レオマワールド」 170

レーガン 163

歴史学研究会 45

レジャー産業 133

レーリンク 17

連合国 2

連合国軍最高司令官総司令部（GHQ/SCAP） 7

● ろ

ロイヤルホスト 169

ロイヤル 52

労使協調 106

老人医療の無料化 123

労働委員会 29

労働関係調整法 29

労働基準法 29

労働組合法 28

労働三法 29

労働者年金保険制度 107

労働争議 28

六・三・三・四制 32

六・三制 31

6 次産業化 207

六全協 89

六大企業集団 106, 116

ロシア連邦 177

ローズヴェルト 2

ロッキード事件 157

ローマクラブ 156

「ローマの休日」 76

● わ

渡辺はま子 78

ワードプロセッサ 173

割当制 154

ワルシャワ条約機構（WTO） 50

ワレサ 176

湾岸戦争 200

「ワンセット主義」 106

著者

老川　慶喜　おいかわよしのぶ
　　跡見学園女子大学観光コミュニティ学部教授
　　立教大学名誉教授

装幀　菊地信義　　カバーイラスト　石井香衣

もういちど読む山川日本戦後史

2016年 4 月10日　　1 版 1 刷　印刷
2016年 4 月20日　　1 版 1 刷　発行

著　者　老川慶喜おいかわよしのぶ

発行者　野澤伸平

発行所　株式会社 山川出版社
　　　　〒101-0047　東京都千代田区内神田1-13-13
　　　　電話　03(3293)8131(代表)
　　　　http://www.yamakawa.co.jp/
　　　　振替　00120-9-43993

印刷所　株式会社 加藤文明社
製本所　株式会社 ブロケード

©Yoshinobu Oikawa 2016 Printed in Japan
ISBN 978-4-634-59113-4
造本には十分注意しておりますが，万一，落丁・乱丁などがございましたら，
小社営業部宛にお送り下さい。送料小社負担にてお取り替えいたします。
定価はカバーに表示してあります。

高校の教科書を一般読者のために書き改めた教養書。
日々変化する世界と日本をとらえ，ニュースの背景がわかる
社会人のための教科書。 A5判 本体各1500円

もういちど読む
山川**日本史**

五味文彦・鳥海靖=編
360頁+口絵8頁

もういちど読む
山川**日本近代史**

鳥海靖=著
272頁+口絵8頁

もういちど読む
山川**世界史**

「世界の歴史」編集委員会=編
312頁+口絵8頁

もういちど読む
山川**世界現代史**

木谷勤=著
256頁+口絵8頁

もういちど読む
山川**倫理**

小寺聡=編
292頁

もういちど読む
山川**政治経済**

山崎広明=編
288頁+口絵2頁

もういちど読む
山川**地理**

田邉裕=著
292頁+折込み4頁

もういちど読む
山川**世界史用語事典**

「世界史用語事典」編集委員会=編
296頁

もういちど読む
山川**哲学** ことばと用語

小寺聡=編
320頁

もういちど読む
山川**日本戦後史**

老川慶喜=著
224頁+口絵8頁

戦後社会・文化関連年表

1945.9 プレス゠コードに関する覚書。**12** GHQ, 国家神道の分離など指令。修身・日本歴史・地理の授業を停止。

1946.1 岩波書店,『世界』創刊。**2** 第5回文化勲章授与(戦後初)。**9** 『くにのあゆみ』発行。

1947.3 教育基本法・学校教育法を公布。**4** 新学制による小学校・中学校発足(六・三制, 男女共学)。**7** 静岡県登呂遺跡の発掘開始。

1948.4 新制高等学校発足(全日制・定時制)。**7** 日本学術会議法を公布。教育委員会法公布。

1949.1 法隆寺金堂で火災。**4** 日本民俗学会発会式。**5** 新制国立大学69校を設置。**11** 湯川秀樹の中間子理論にノーベル物理学賞。

1950.5 文化財保護法を公布。**7** 鹿苑寺金閣全焼。

1951.6 ユネスコ, 日本の加盟を正式承認。**9** 「羅生門」(黒澤明監督)ベネツィア国際映画祭で金獅子賞。

1952.4 NHK「君の名は」ラジオ放送開始。**8** 『アサヒグラフ』8月6日号, 原爆被害写真を初公開。

1953.2 NHK東京テレビ局, 本放送開始。**8** 日本テレビ, 放送開始。**12** NHK, 紅白歌合戦テレビ放送。

1954.1 平城宮跡を発掘。**11** 法隆寺金堂, 昭和大修理。

1955.1 人間国宝25件30人告示。**5** 新村出編『広辞苑』初版刊。**8** 東京通信工業㈱(のちのソニー), 初のトランジスタラジオ発売。この年,「三種の神器」流行。

1956.1 猪谷千春, 第7回冬季オリンピック(コルチナ)のスキー回転で銀メダル。**5** 飛鳥寺を発掘。**7** 気象庁改組発足。

1958.3 関門国道トンネル開通。**5** NHKテレビ受信契約, 100万件を突破。**12** 東京タワー完工。この年, 日清食品,「即席チキンラーメン」を発売。

1959.1 メートル法施行。

1960.9 カラーテレビ本放送を開始。この年,「新三種の神器」流行語となる。

1961.1 平城宮跡官衙跡から紀年(天平宝字6年)銘を有する木簡発見。

1962.3 テレビ受信契約者数, 1000万人を突破。

1963.11 日米間テレビ宇宙中継受信実験に成功。

1964.10 第18回オリンピック(東京)(～10.24)。

1965.10 朝永振一郎, ノーベル物理学賞を受賞。

1966.6 ビートルズ来日。**11** 国立劇場開場(東京三宅坂)。

1967.1 理研, 世界最大級のサイクロトロン完成。この年秋頃, 女性のミニスカート, ブームに。

1968.4 霞が関ビル完成。**6** 文化庁発足。**10** 川端康成, ノーベル文学賞受賞。

1969.6 初の国産原子力船「むつ」, 進水式。

1970.2 初の国産人工衛星「おおすみ」打ち上げ成功。**3** 日本万国博覧会(大阪)。**11** 三島由紀夫, 自殺。

1971.9 日本初の科学衛星「しんせい」打ち上げに成功。

1972.2 第11回冬季オリンピック(札幌)。**3** 高松塚古墳の壁画発見。

1973.10 江崎玲於奈, ノーベル物理学賞受賞。

1974.10 佐藤栄作, ノーベル平和賞受賞。

1975.7 沖縄国際海洋博覧会。

1976.4 薬師寺金堂落慶式。**7** 「重要伝統的建造物群保存地区」として7カ所(妻籠宿など)選定。

1977.2 日本初の静止衛星「きく2号」打ち上げ成功。**9** 王貞治, 通算756本塁打を記録, 初の国民栄誉賞受賞。

1978.4 植村直己, 犬ぞり単独行で北極点到達。**5** 板付遺跡で, 縄文晩期の水田跡発掘。**9** 稲荷山古墳出土の鉄剣に刻まれた115文字を解読と発表。

1979.1 奈良市太安万侶の墓誌出土。

1980.4 京都の冷泉家,『明月記』など初公開。**10** 東大寺大仏殿, 昭和大修理落慶法要。

1981.10 福井謙一, ノーベル化学賞受賞。

1982.11 奈良県桜井市の山田